AF452457

ROME ET MOSCOU

PRÉFACE

L E 15 janvier 1582, une trêve de dix ans est conclue à Kivérova Gora entre les Moscovites et les Polonais. Les deux peuples rivaux, oubliant leurs haines séculaires, se tendent la main ; c'est l'intervention du légat pontifical, Antoine Possevino, qui obtient ce résultat.

Pour saisir l'importance de cet événement, soit au point de vue russe, soit au point de vue romain, il faut remonter un peu plus haut dans l'histoire et embrasser d'un coup d'œil les rapports du Saint-

Siège avec Ivan le Terrible pendant toute la durée de son règne. Tel est le but de ce travail préliminaire que je livre aujourd'hui à la publicité.

Dès 1547, il est fortement question de Moscou à Rome, par suite d'une mystification inouïe dans les annales de la diplomatie. Un prétendu chancelier d'Ivan IV propose en haut lieu d'organiser une ambassade pontificale, qui se rendrait à Moscou pour y traiter les plus graves questions politiques et religieuses. Charles-Quint se déclare favorable au projet ; le roi de Pologne en est alarmé : il n'eût pas reculé devant une rupture avec Rome, si l'entreprise n'avortait d'elle-même. Et, tandis qu'en Occident souverains et ministres s'occupent activement de cette affaire, au Kremlin de Moscou on est à son égard dans la plus parfaite ignorance.

A partir de 1561, les rapports avec Ivan le Terrible, sans être encore immédiats, prennent cependant un caractère sérieux. Pendant presque vingt années consécutives, les papes multiplient leurs efforts pour parvenir jusqu'à Ivan, tantôt pour l'inviter au concile de Trente, tantôt pour conclure avec lui une alliance contre les Turcs, tantôt pour cimenter l'union entre Rome et Moscou sur la base du concile de Florence. Mais c'est en vain que Pie IV, Pie V, Grégoire XIII essaient jusqu'à cinq fois d'envoyer leurs émissaires à Moscou, jamais ceux-ci ne réussissent à y pénétrer : non pas qu'Ivan les repousse — il ne se doute même pas des ambassadeurs qu'on lui destine, — mais c'est Sigismond-Auguste, c'est Maximilien II, c'est Bathory lui-même qui opposent tour à tour des obstacles insurmontables au passage des envoyés pontificaux. Ce n'est qu'en 1581-82 que, sur la demande d'Ivan et avec le consentement de Bathory, Possevino paraît à Staritsa et puis à Moscou.

Nous avons cru devoir refaire l'histoire de ces projets d'ambassade ; elle jette sur la politique de l'époque une lumière inattendue et jusqu'ici on n'avait pas les éléments nécessaires pour la traiter à fond.

La faute en est principalement à Tourguéniev et à Theiner. Tous les deux ont publié à grands frais des collections de documents relatifs à la Russie, mais ni l'un ni l'autre — qu'on nous permette de le dire librement — ne s'est trouvé à la hauteur de sa mission scientifique.

Tourguéniev était, en histoire, un dilettante. Il s'est fait donner officiellement quelques séries de pièces par Marino Marini, préfet des archives du Vatican, qui a été, dit-on, dans la suite décoré et pensionné par l'empereur Nicolas. L'édition de ces trésors et de quelques autres du même genre a été confiée par Tourguéniev à Vostokov, excellent philologue, médiocre historien, étranger à la critique des sources. Quant à Theiner, il se laissait dominer par la routine de la science ; son unique préoccupation était de faire copier l'un après l'autre les volumes qui lui tombaient sous la main et d'envoyer les copies à l'imprimeur, sans aucun souci de l'histoire, sans étude approfondie des pièces. Cette méthode serait encore tolérable, au moins n'aurait-elle pas de conséquences tout à fait désastreuses, si les dépôts qu'on exploite étaient réglés comme une pendule. Malheureusement il n'existe pas, que je sache, d'archives de ce genre. La complication naturelle des affaires, le classement et le transport des papiers, le nombre considérable de volumes, les injures des temps, parfois la fatalité historique, produisent dans tous les dépôts, si ce n'est la confusion, du moins un état de choses qui exige l'étude et l'analyse des pièces pour les présenter d'une manière systématique. Plus que partout ailleurs, ce procédé est nécessaire à l'égard des archives du Vatican qui, au grand détriment de la science, ont fait, sous le premier Empire, le voyage de Paris.

Aussi qu'est-il arrivé ? Ni Tourguéniev, ni Theiner n'ont donné la série complète des dépêches relatives aux projets d'ambassade mentionnés plus haut ; ils *ont ignoré les instructions de Pie V à Portico, la réponse importante de Maximilien II au sujet de Clenke et jusqu'à l'existence des négociations de 1579. Tourguéniev a même publié, à titre de document, une page de l'histoire de Pie V, imprimée à Rome par Catena en 1586* (Hist. Russ. mon., I, n° CLIII; Catena, p. 185).

En présence de ces lacunes, il n'est pas étonnant que les historiens, qui n'ont pas eu accès aux archives du Vatican, n'aient pas trouvé le dernier mot des événements qui vont être racontés. C'est en vue de M. Zakszewski que nous faisons cette observation. Il a traité ces mêmes matières avec un remarquable talent et une forte érudition (Stosunki Stolicy Apost. z Iwanem Gróznym), *mais les documents lui ont parfois fait· défaut. Quant au comte Tolstoï, il s'est si peu et si médiocrement prévalu des matériaux déjà connus qu'il doit être désavoué par la science.*

La mystification de 1547 passe dans

son Catholicisme romain en Russie *pour une vraie ambassade, où l'obscur agent Eberstein est affublé du nom célèbre de Herberstein. Des hypothèses remplacent les données parfaitement connues sur Delfino, Canobio et Giraldo. Quant aux projets de 1571 et 1579, au dénouement de l'affaire Clenke, il n'en est même pas question. Rien ne doit étonner dans un livre où saint Jérôme, docteur de l'Église, est familièrement traité de* saint *Pirolame (I, p. 75 de l'édition française, 1863 ; I, p. 74 de l'édition russe, 1876). Le comte Tolstoï est, en ce moment, ministre de l'intérieur de l'empire de Russie : il peut être un très haut fonctionnaire, il ne comptera jamais dans la science.*

Du reste, nous serions mal venu d'en trop vouloir à nos devanciers pour n'avoir pas complètement épuisé la matière, car ils nous ont procuré des heures délicieuses. Rien n'est comparable à la suprême satisfaction qu'on éprouve, lorsqu'on parvient à arracher son secret au passé, à refaire une histoire oubliée. Dans les salles magnifiques du Vatican, entouré de parchemins et de vénérables volumes, nous avons maintes fois pu faire de ces conquêtes. Ceux qui savent goûter les plaisirs de ce genre ne sont peut-être pas les plus mal partagés.

Paris, 1883.

ROME ET MOSCOU

CHAPITRE Ier

UNE MYSTIFICATION DIPLOMATIQUE

Sacre et noces d'Ivan IV. — Incendie de Moscou.
— Transformation du tsar. — Mission de
Schlitte en Allemagne. — Ses rapports avec
Charles-Quint. — Levée d'hommes pour Mos-
cou. — Schlitte écroué à Lubeck. — Il s'échappe
de la prison et se remet à l'œuvre. — Origines
de la mystification. — Steinberg est chargé de
négocier la réunion des églises russe et ro-
maine. — Derniers renseignements sur Schlitte.
— Démarches de Steinberg auprès de Charles-
Quint et à Rome. — Intervention de la Polo-
gne. — Conseils demandés à Radziwill et à
Albert de Prusse. — Ambassade de Radziwill à
Vienne. — Réponse du pape à Ferdinand Ier.
— Démarches des Polonais à Rome. — Ré-

ponse du pape aux évêques polonais. — Dernière tentative de Steinberg. — Echec complet. — Conclusion.

Dans le courant de l'année 1547, Moscou fut tour à tour témoin de réjouissances populaires et victime de grands désastres. Jamais peut-être contraste n'avait été plus frappant.

Au mois de décembre de l'année précédente, le jeune souverain Ivan IV s'était un jour longuement entretenu avec le métropolitain Macaire, qu'on vit sortir de l'audience le visage rayonnant de joie. La cause en fut bientôt connue de tout le monde : le sacre et les noces du tsar avaient été décidés en principe.

A peine âgé de dix-sept ans, Ivan aspirait déjà à poser sur son front la couronne de Monomaque. Fidèle aux traditions byzantines, importées de longue date à Moscou, il attachait à cette cérémonie la plus haute importance : elle eut lieu le 16 janvier, et rien de ce qui pouvait en rehausser l'éclat ne fut oublié.

Dès cette époque, le titre de tsar figure constamment dans tous les genres de chartes ; bientôt on voit apparaître dans les *Stepennyïa knighi* [1] une nouvelle généalogie, attribuée au métropolitain Macaire, qui fait descendre les tsars des Césars et Ivan IV d'Auguste. Le tsarat devient une des idées dominantes du souverain récemment couronné ; il en explique aux étrangers les origines romaines avec un sérieux imperturbable ; les patriarches orientaux ne tardent pas à reconnaître ses droits séculaires à cette dignité et lui-même recherche à l'envi l'occasion de les faire valoir.

Quant au mariage du tsar, les préparatifs se firent selon les vieilles coutumes du temps patriarcal. La fiancée du souverain moscovite devait être littéralement choisie entre mille ; à cet effet, on sommait les pères de famille d'envoyer leurs filles dans le chef-lieu de la province. Les délégués du tsar, munis d'instructions

---

1. Livre des degrés.

minutieuses, s'y livraient à un premier
triage. Celles qui avaient heureusement
subi l'épreuve étaient dirigées sur Moscou
et logées douze à douze dans un vaste
bâtiment, où le tsar, accompagné d'un
vieux boïar, venait les voir l'une après
l'autre pour fixer lui-même son choix.
Les préférences d'Ivan se portèrent sur
Anastasie Zakharine, qui éclipsait ses rivales par une beauté aussi éclatante que
modeste. Les noces furent célébrées avec
une pompe asiatique le 13 février 1547;
le Kremlin retentit d'acclamations en-
thousiastes et la ville fut en fête pendant
plusieurs jours consécutifs.

Deux mois s'étaient à peine écoulés et
des sinistres aussi désastreux que les so-
lennités avaient été brillantes leur succédaient à l'improviste. Un violent incendie éclate dans la capitale : en avril et
en juin, Moscou se transforme, à trois
reprises, en une mer de feu ; les maisons de
bois, souvent entassées l'une sur l'autre,
sont rapidement consumées et bientôt
les édifices de pierre subissent le même

sort. En vain essaye-t-on de lutter contre les flammes dévastatrices, elles trompent les efforts des plus courageux et on déplore un nombre très considérable de victimes. Une terreur superstitieuse se répand alors dans le peuple, errant au milieu des décombres et réduit à la misère; des bruits sinistres circulent dans la foule : on accuse les magiciens, on désigne les traîtres, et, sur les ruines fumantes de la cité en cendres, se dresse le spectre de la révolte : il y a des meurtres, des scènes de désordre; les personnes plus proches du trône sont les plus menacées et l'on ne parvient à comprimer le mouvement que par de sanglantes représailles.

Ces événements étaient graves par eux-mêmes, mais ce qui leur donne une importance hors ligne, c'est qu'ils marquent dans la vie d'Ivan une ère nouvelle. Privé de son père dès l'âge le plus tendre, confié aux soins d'une mère trop absorbée par de coupables amours, ensuite flatté et persécuté tour à tour par les boïars qui gouvernaient le pays en son nom,

Ivan autorisait pour l'avenir les plus tris-
tes prévisions ; un œil scrutateur aurait
pu, longtemps à l'avance, découvrir en lui
l'étoffe d'un Néron, tant il y avait dans
cette nature de sève vigoureuse et de pen-
chants dépravés. A la suite des malheurs
de 1547, grâce à l'influence de son épouse,
à celle de quelques hommes dévoués qui
vinrent lui offrir leur concours, un profond changement se manifeste dans le
tsar : s'attachant à modérer la fougue de
son caractère, il veut devenir le père de
son peuple, accueillir ses demandes et ses
plaintes, lui rendre promptement la justice, le défendre contre les incursions
menaçantes des Tartares et même, dans
une certaine mesure, le faire profiter des
progrès de l'Occident. Ce n'est pas qu'I-
van fût libre de préjugés contre les étrangers ; son aversion pour eux s'accusait, au
contraire, assez fortement, mais avec ce
genre de finesse, qui distingue le barbare,
il comprenait que les Moscovites avaient
besoin de maîtres pour apprendre à lutter
contre les hordes asiatiques, dont le nom-

bre défiait constamment l'ennemi et que
l'art de la guerre pouvait seul écraser. Il
résolut donc de se mettre en contact avec
l'Occident et voici comment il s'y prit
dès l'année 1547.

A cette époque, se trouvait à Moscou
un Saxon, natif de Goslar, nommé Hans
Schlitte[1]. C'était un homme intelligent,
d'un esprit quelque peu rêveur, d'un caractère entreprenant, plus capable de for-
mer des projets séduisants que de les
adapter aux besoins réels du moment.
Comme tant d'autres au XVIᵉ siècle, il avait
quitté son pays natal pour chercher fortune ailleurs; ses voyages l'amenèrent à
Moscou, où il apprit la langue du pays et
fut admis en présence du tsar. Ivan crut
pouvoir en tirer parti : à l'exemple de ses
pères, il l'envoya en Allemagne avec mission d'y faire une levée d'hommes capa-

---

1. Voir Karamzine, *Histoire de l'Empire de Russie*,
1819, (en russe), VIII, p. 111; Soloviev, *Histoire de
Russie*, 1856, (en russe), VI, pp. 139, 180; Adelung,
Uebersicht der Reisenden in Russland, 1846, I, p. 205.
Dans Adelung il y a de graves erreurs chronologiques.

bles d'enseigner aux Russes les sciences, les arts et les métiers. La traduction allemande des patentes, qui lui furent délivrées à cette occasion, en avril 1547, a été publiée par Faber [1]; il n'y est question ni d'église, ni de théologie, ni surtout de théologiens — circonstance à remarquer pour la suite de l'histoire.

Muni de cette pièce, Schlitte se présente à l'empereur, qui siégeait en ce moment à la diète d'Augsbourg. C'était en 1547 ou en 1548 [2], partant au lendemain de la journée de Muhlberg. Victorieux des pro-testants, Charles-Quint, se croyant désor-mais maitre de l'Allemagne, roulait dans son esprit le projet grandiose d'une vaste monarchie catholique, où le soleil ne s'é-teindrait d'une part que pour faire briller de l'autre les splendeurs de l'aurore. Schlitte sut captiver son attention et mé-

1. *Preussisches Archiv, Dritte Sammlung*, p. 6.

2. Charles-Quint se trouve presque constamment à Augsbourg du 23 juin 1547 au 12 août 1548. Vande-nesse, *Journal des voyages de Charles-Quint*, pp. 348-374.

riter ses faveurs. Tout d'abord, pour se donner plus d'importance, il s'attribua, de son propre chef, le titre d'ambassadeur moscovite [1]. Le fait de cette usurpation ne saurait être contesté ; les usages diplomatiques de Moscou étaient calqués sur ceux de Byzance : l'ambassadeur, qui était censé représenter la personne même du tsar, ne pouvait apparaître qu'entouré d'une suite nombreuse et d'une pompe convenable ; aussi, pour éviter les frais excessifs, ne les envoyait-on que dans les pays limitrophes ; chargé d'une mission spéciale en Allemagne, n'ayant personne sous ses ordres, Schlitte ne pouvait être qu'un agent subalterne. Ses paroles firent cependant impression sur l'empereur : il affirmait, de la manière la plus catégorique, qu'Ivan IV était enclin à la réunion des églises, disposition d'esprit qui rentrait trop dans les plans de Charles-Quint pour ne pas attirer son at-

1. Fiedler, *Ein Versuch der Vereinigung der russischen mit der roemischen Kirche im sechzehnten Jahrhunderte*, p. 78.

tention. Schlitte n'eut qu'à s'en féliciter : non seulement des pleins-pouvoirs pour remplir sa mission lui furent accordés, mais il fut, en outre, chargé de présenter au retour une lettre à Ivan, où l'empereur faisait l'éloge des idées civilisatrices du tsar, sans toucher cependant, ne fût-ce que de loin, à la question ecclésiastique [1]. Cette prudence était indiquée : le tsar, à cette époque, brisait péniblement avec un passé criminel, le pope Sylvestre était admis à son intimité et, s'il avait des opinions religieuses bien arrêtées, c'étaient celles évidemment qui furent bientôt après exprimées dans le *Stoglav* et le *Soudebnik* et qui n'ont aucune teinte de latinisme. L'affirmation vague et intéressée d'un étranger ne suffit guère pour lui attribuer des tendances d'union avec Rome.

Cependant l'entreprise de Schlitte s'annonçait sous d'heureux auspices : une bande de cent vingt-trois personnes, des-

---

1. Les pleins-pouvoirs et la lettre de Charles V ont été publiés par M. Fiedler, *l. c.*, p. 78 et suiv.

tinées à importer à Moscou les lumières
de l'Occident, fut promptement réunie[1].
En tête de la liste figurent quatre théologiens, que bien certainement le tsar n'a-
vait pas demandés[2]. Le voyage se fit sans
encombre et ce ne fut qu'à Lubeck que la
fortune trahit cruellement celui qu'elle
avait tant favorisé jusque-là. Les États
Livoniens avaient eu vent de l'affaire et,
craignant de voir la civilisation pénétrer à
Moscou, ils résolurent de priver de ce
bienfait leur plus redoutable adversaire.
En dépit du sauf-conduit impérial[3], sur
les réclamations plus ou moins légitimes
de quelques créanciers, Schlitte fut arrêté
et écroué dans les prisons de Lubeck, tandis que sa bande, désormais privée de chef,
se dispersait aux quatre vents. Du fond
de son cachot, il essaya, à deux reprises,

1. Faber, *l. c.*, p. 9.

2. Les patentes d'Ivan ne parlent que de « Meister und
Doctores, die Kranke pflegen und heilen koennen, Schrift-
gelehrte Leute, die lateinische und deutsche Schrift wohl
verstehen. » Viennent ensuite les artisans.

3. D'après quelques sources, le sauf-conduit aurait été
officiellement révoqué.

mais toujours en vain, de donner de ses
nouvelles à Ivan; plus heureux à un autre égard, il parvint à s'évader après deux
ans de captivité, si ce n'est qu'un nouveau
danger l'attendait à Rasseberg, où il s'é-
tait réfugié. Les Lubeckois exigent son
extradition et, s'il est maintenu en liberté,
c'est grâce au dévouement d'un ami qui
se rend caution pour lui.

Ces revers successifs n'avaient ni découragé Schlitte, ni encore moins brisé son
activité. En 1550, il se remet à l'œuvre :
dès lors, la mystification s'accuse visible-
ment, il importe d'en établir les premières origines. C'est une pensée exclusivement civilisatrice, on l'a vu, qui a
provoqué la mission de Schlitte; après
qu'elle eût échoué, la correspondance
avec Moscou ayant été interrompue, rien
n'était venu modifier son caractère primi-
tif. A défaut de nouvelles instructions du
Kremlin, l'esprit inventeur de Schlitte se
laisse libre carrière. Deux choses avaient
dû le frapper à Moscou : d'abord, l'estime
presque superstitieuse d'Ivan IV pour

son titre de tsar, ensuite les nombreuses
affinités entre l'église russe et l'église romaine et, partant, la facilité d'une réunion; sur ce dernier point, il s'explique
positivement lui-même, dans une lettre
adressée au roi de Danemark Chris-
tian III [1]. C'est sans doute à la suite de
ces observations qu'il conçut un projet
plus hardi que pratique : celui d'obtenir
du pape le titre royal pour le tsar et d'obtenir du tsar la soumission au pape; le
nouveau roi catholique de Moscou serait
devenu un puissant allié contre les Turcs,
un défenseur de l'Église romaine et tout
le système politique de l'Europe s'en serait ressenti. Mais comment s'y prendre
pour mener à bonne fin une si vaste et si
importante entreprise? Schlitte, ne doutant jamais de rien, confère à cet effet le
titre de chancelier moscovite à un gen-

---

1. Cette lettre est datée du 25 janvier 1554. Elle se
conserve aux Archives royales de Copenhague, les repro-
ductions qui en ont été faites par Busching (*Magazin*,
VII, p. 299) et par Adelung (*Uebersicht der Reisenden*,
I, p. 207) ne sont pas tout à fait exactes.

tilhomme autrichien, nommé Jean Steinberg, le charge de négocier l'affaire à
Rome et d'apporter les réponses à Moscou, où il rentrerait amplement dans ses
frais [1]. Pas n'est besoin de remarquer que
le droit de Schlitte à la création d'un
chancelier était aussi douteux que son
titre d'ambassadeur était illusoire et que
l'entreprise elle-même était chimérique.
Ce personnage ne mérite désormais, de
notre part, qu'une médiocre attention. A
mesure que les événements se développ-
pent, son caractère d'aventurier se des-
sine de plus en plus : il s'en remet à
Steinberg de la négociation romaine;
quant à lui, c'est l'organisation d'une nouvelle bande d'artisans et de lettrés qui le
préoccupe; à bout de ressources, il s'a-
dresse à Ivan, en 1555, pour obtenir des
secours pécuniaires; deux ans plus tard,
il est lui-même à Moscou; après quoi ses
traces se perdent et l'on ignore la date de

1. Voir les patentes délivrées à Steinberg chez Tourguéniev, *Hist. Russiæ mon.*, I, n° cxxx. Schlitte y raconte lui-même son histoire.

sa mort [1]. Il nous reste de lui un curieux document : c'est son projet de réponse, au nom d'Ivan, à la lettre de Charles-Quint, dont il avait été lui-même porteur. Jamais rêveur plus hardi n'avait encore prêté sa plume à un tsar : au gré de son secrétaire improvisé, Ivan aurait versé des sommes considérables pour la guerre contre les Turcs, organisé un service postal de Moscou à Augsbourg, créé un régiment allemand et un ordre de chevalerie, enfin envoyé comme otages à l'empereur vingt-cinq jeunes gens des meilleures familles de Russie. Quant à la question religieuse, Schlitte la traite avec une extrême réserve ; il se borne à mettre dans la bouche du tsar le désir de la faire étudier dans les deux camps opposés. Preuve nouvelle, s'il en faut encore, que jamais Ivan n'avait autorisé personne à procurer la réunion des églises russe et romaine. Inutile d'ajouter que cette mis-

1. Faber, *l. c.*, p. 10 et suiv.

sion extravagante resta toujours à l'état de projet [1].

Mais revenons à Steinberg et suivons-le dans ses démarches. Un meilleur choix n'était guère possible : bien vu à la cour de Vienne, en relations avec le nonce pontifical Pierre Brentano, Steinberg s'intéressait vivement à l'affaire moscovite et son ardeur n'était égalée que par sa bonne foi imperturbable. En homme prudent, il se ménagea, tout d'abord, des ressources financières : le comte Philippe d'Eberstein lui offrit sa bourse et son concours, pourvu que Rome le remît en possession d'une ancienne abbaye, à laquelle il se croyait en droit de prétendre. Le plan d'action fut bientôt combiné ; comme il en était convenu avec Schlitte, Steinberg se rendit immédiatement à Rome pour y soumettre l'affaire aux plus hautes autorités ecclésiastiques. Il emportait dans son portefeuille les meilleures recomman-

1. Voir *Materialien zu der Russ. Geschichte,* I, p. 431 et suiv.

dations, voire une lettre de Charles-Quint au pape Jules III. Le célèbre monarque ne désirait rien tant que de voir s'accomplir sous ses yeux l'union des Moscovites avec l'Église romaine ; dans sa pensée, parfaire ce grand œuvre eût été, pour le pape, se couvrir d'une gloire immortelle. Il y voyait, avant tout, l'accroissement de la chrétienté, un moyen efficace de propager au loin la vraie foi, un gage d'alliance contre les Turcs, à la honte du nom chrétien, maîtres encore des Lieux-Saints, enfin un grand et nouveau pas vers l'accomplissement des oracles qui annoncent pour l'avenir un seul et unique pasteur à la tête d'un seul troupeau. Telles étaient, sur les destinées de la Moscovie, les vues de Charles-Quint, d'une portée aussi haute que leur base était malheureusement fragile : les allusions aux bonnes dispositions de Vasili III et d'Ivan IV prouvent assez qu'elles reposaient sur les récits de Schlitte [1].

1. Hormayer's *Taschenbuch*, 1835, p. 37 ; Lanz, *Correspondenz K. Karl V*, III, p. 78.

Encouragé par ces succès, Steinberg dut l'être encore davantage par l'accueil bienveillant qui l'attendait à Rome en 1552. Il y retrouve, parmi les cardinaux, l'ancien nonce de Vienne, Pierre Brentano, et, non content de produire la lettre impériale, il ne se lasse pas de rédiger des mémoires [1]. Le contenu en est invariablement le même : réunion des églises, titre royal pour Ivan, paix rétablie entre les Moscovites, les Livoniens et les Polonais, alliance contre les Turcs entre les ennemis de la veille. A la grande politique se rattache ici une question personnelle : c'est Steinberg lui-même et le comte d'Eberstein qui seront chargés de négocier l'affaire à Moscou. Au point de vue diplomatique, cette dernière clause ne laissait pas d'être singulièrement étrange : chancelier, de par Schlitte, du grand-duc de Moscou, Steinberg aspirait aux fonc-

---

1. Mémoire présenté au cardinal Farnèse (3 avril 1552), au pape (23 mai 1552), etc., Fiedler, p. 87 et suiv. M. Zakszewski suppose avec raison qu'il y a erreur dans les dates des deux mémoires mentionnés, *Stosunki Stol. Ap.*, p. 15.

tions d'ambassadeur pontifical auprès de son propre maître pour faire ratifier à Moscou les articles qu'on aurait adoptés à Rome. Si ses prétentions n'engendraient pas la méfiance, c'est qu'on était ébloui par ses affirmations catégoriques sur les projets d'Ivan et peut-être plus encore par la lettre de Charles-Quint. Quoi qu'il en soit, l'affaire de Steinberg fut, dès le début, traitée comme une affaire d'État : une commission cardinalice en fut saisie. On pouvait se flatter d'aboutir, lorsqu'un nouvel incident vint tout compromettre.

Jusque-là on s'était environné de mystère; au mois de novembre 1552, le prétendu secret moscovite est livré, dans tous ses détails, aux Polonais. C'est le cardinal Maffei, vice-protecteur de Pologne, qui en fait officiellement la confidence à Konarski, représentant de Sigismond-Auguste à Rome, auquel il remet, en même temps, une copie de la lettre de Charles-Quint au pape et d'un mémoire de Steinberg. Dans une lettre adressée directement au roi, le cardinal l'avertit qu'on ne prendra pas de décision sans avoir obtenu son agrément. L'affaire parut à Konarski de la dernière importance ; il se hâta d'en faire tenir les pièces au roi, qui cependant les reçut assez tard, dans le courant de janvier 1553 [1].

On se fait à peine une idée du trouble qu'elles jetèrent dans son esprit, d'autant plus que les circonstances semblaient inventées à plaisir pour le provoquer. Sigismond-Auguste avait eu de vives contestations avec Ivan au sujet du titre de tsar et les visées ambitieuses de celui-ci ne lui étaient pas inconnues; si le désir de se soumettre au pape était peu vraisemblable, cette démarche d'Ivan pouvait n'être qu'un calcul hypocrite ; il n'y avait pas jusqu'à la lettre de Charles-Quint, qui ne parût suspecte : ne serait-ce pas un piège tendu à la Pologne par la maison d'Autriche? Cet enchevêtrement de faits était plus que suffisant pour alarmer un caractère aussi impressionnable que ce-

1. *Scriptores rerum polonicarum*, I, pp. 63-65.

lui de Sigismond-Auguste, qui, élevé au milieu des femmes, conserva toute sa vie ce trait de caractère féminin. Le 15 janvier, il répondit au cardinal Maffei en le remerciant avec effusion et en demandant du temps pour consulter les sénateurs du royaume [1].

En effet, des conseils furent requis et non seulement de la part des sénateurs, mais encore et surtout de la part d'Albert de Prusse et de Radziwill le Noir, protestants tous les deux et hostiles à Rome [2]. Le roi les interpelle sur la politique à suivre dans cette occurrence ; quant à lui, il croit opportun d'engager le pape à proposer des conditions si dures, qu'Ivan ne puisse les accepter sans danger pour sa personne ou pour la sécurité de ses États ; si, malgré tout, on parvenait à s'entendre, il faudrait recourir à la violence et arrêter à la frontière le messager porteur de la couronne. Nous n'avons pas sous les

1. *Ibidem*, I, p. 66.
2. *Ibidem*, I, p. 67. — *Listy origynalne Zygmunta Augusta,* 1842, p. 35 et suiv.

yeux la réponse de Radziwill; on verra
d'ailleurs plus bas qu'il était, en tous
points, d'accord avec son maître ; quant à
celle d'Albert, elle trahit plus de haine
contre le pape que de scrupules dans le
choix des moyens. Après avoir confirmé
le roi dans ses soupçons contre l'Autriche,
le duc de Prusse conseille d'envoyer simultanément deux ambassades, l'une au
pape, l'autre à l'empereur, pour déclarer
qu'un nouveau royaume, érigé à Moscou, serait attentatoire aux droits de la
Pologne ; le cas échéant, il faudrait au
moins, avant de confirmer son titre, con-
traindre Ivan de restituer les provinces
usurpées aux Polonais. Mais bientôt le
politique cède la plume à l'apostat : Albert voudrait creuser des abîmes entre le
pape et les Russes ; il propose, à cet effet,
d'envoyer secrètement à Moscou des Polonais ou des Lithuaniens, avec mission
de « défigurer le Siège apostolique » et de
rendre l'autorité pontificale odieuse, en
lui prêtant les plus sombres couleurs. A
défaut d'autres insinuations plus malveil-

lantes, on dira que le pape veut imposer au peuple russe le joug de l'esclavage, qu'il a surtout ses richesses en vue et qu'après les serments et les ambassades il demandera des tributs sous la menace des peines les plus sévères. « On peut y ajouter, » poursuit froidement le duc, « des accusations plus odieuses encore selon les circonstances des temps et des personnes. » Ainsi s'exprimait le dernier grand-maître de l'ordre teutonique et le premier duc de Prusse[1].

Moins les calomnies, auxquelles on n'eut jamais recours, les autres conseils d'Albert avaient été en partie prévenus par les démarches du roi. Vers la fin de janvier 1553, la diète polonaise, mise au courant de l'affaire de Moscou, résolut d'envoyer, à ce sujet, des ambassades à Rome et à Vienne. Radziwill le Noir fut désigné pour la capitale de l'Autriche. Il jouissait auprès du roi d'un crédit presque illimité. Son nom, sa position, son

1. *Scriptores rer. pol.,* I, pp. 67-69.

influence, ses talents militaires en faisaient un des principaux personnages de
la Lithuanie, que l'union de Lublin venait à peine de souder à la Pologne. Un
lien d'une autre nature l'attachait encore au
roi : Auguste II avait passionnément aimé
sa sœur et l'avait fait monter sur le trône
en dépit de la noblesse et du clergé. Le
palatin de Vilna était, d'ailleurs, l'homme
indiqué pour la circonstance : hostile aux
Moscovites et, en qualité de protestant,
tout aussi peu favorable au pape. Accrédité auprès de Ferdinand Ier, roi des Romains, et, au besoin, auprès de Charles-
Quint, ses rapides et faciles succès de
Vienne rendirent toute autre démarche
inutile [1]. Radziwill se plaignit qu'on trai-
tât les affaires moscovites à l'insu de la
Pologne et demanda les bons offices de
Ferdinand auprès de Charles-Quint pour
engager celui-ci à lâcher Steinberg. A
Vienne, il n'y avait ni parti pris pour
Moscou, ni, encore moins, disposition

1. Fiedler, *l. c.*, pp. 104-105.

hostile contre la Pologne. Aussi Ferdinand se montra-t-il d'autant plus conciliant, que Radziwill lui demandait simultanément la main de sa fille Catherine pour le roi son maître. Des dépêches pressantes furent expédiées à l'empereur et au pape. Charles-Quint, qui n'avait en vue que le bien général de la chrétienté, promit aussitôt d'engager le pape à opposer des fins de non-recevoir à l'envoyé moscovite. Quelque temps après, le pape lui-même fit savoir à Ferdinand qu'il s'estimait heureux de pouvoir, du même coup, rendre service à deux rois : sur les instances d'Auguste II, on avait déjà débouté Steinberg de sa demande [1].

Le succès était donc complet. En cour de Rome, c'était Sigismond-Auguste qui l'avait obtenu en déployant une énergie digne d'une meilleure cause. Sa pensée tout entière se résume dans les instructions de Kryski [2], envoyé à Rome pour

---

1. *Ibidem,* pp. 116-123.
2. La première partie des instructions se trouve chez

l'affaire des annates et chargé aussi de la
négociation moscovite. C'est, sans contre-
dit, la pièce la plus importante du débat,
où se trouvent réunies en un seul fais-
ceau les données dispersées çà et là dans
les autres mémoires. Auguste II y consi-
dère la royauté moscovite au triple point
de vue des intérêts de la Pologne, de ceux
de la chrétienté, de la dignité du Saint-
Siège. Pour la Pologne, dont le drapeau
flotte déjà sur les murs de Kiev et qui
songe à reconquérir les autres provinces
usurpées par les Russes, ce serait un grave
inconvénient de porter les armes contre
un roi couronné par le pape ; la cause
générale de la chrétienté n'y gagnerait
rien non plus : il n'y a aucune solidarité
entre Ivan et les autres princes ; au contraire, si jamais les Polonais se portent
sur le Bosphore, c'est lui qui suscitera les
plus sérieux obstacles ; d'ailleurs, n'étant
pas limitrophes avec les Turcs, ne pou-

Fiedler, *l. c.*, p. 108, la seconde dans les *Scriptores rer.
pol.*, I, p. 69. Elles ne sont pas datées.

vant les atteindre sans traverser la Pologne, dont l'accès leur sera toujours inter-
dit à cause des vols et des rapines, les
Russes n'offrent, en cas de guerre contre
les Turcs, que peu de ressources. Enfin,
au-dessus des questions d'intérêt planent
celles de l'honneur; la dignité du Saint-
Siège ne serait-elle pas compromise, si on
se laissait jouer par Ivan et séduire par
ses vaines promesses? car, sur ce point,
Auguste n'admet pas l'ombre d'un doute,
il est persuadé qu'Ivan ne fera rien pour
la réunion des églises dès qu'il aura obtenu son titre royal; et, croyant de bonne
foi aux démarches qui se font dans ce but,
il conclut cette partie de ses instructions
par un dilemme menaçant : le pape n'a
plus qu'à décider s'il veut donner satisfaction « à un peuple barbare, féroce,
étranger à toute culture et à la constance
dans la religion, dans la foi, dans les serments », ou bien au roi de Pologne et à
ses peuples, « qui, après avoir reconnu et
embrassé la religion du Christ, n'ont jamais souffert qu'on les séparât du Saint-
Siège Apostolique. »

Cependant Auguste II ne s'en remettait pas uniquement à cette première argumentation. Si elle n'arrivait pas à convaincre les esprits, son représentant devait faire observer au pape qu'il ne sert à rien d'acquérir de nouvelles brebis à moins qu'on ne sache les conserver dans le bercail. Or, les conditions de Steinberg ne correspondent pas à ce but; pour s'assurer de la constance des Moscovites dans la foi, il importe d'en proposer d'autres plus efficaces; le roi les énumère avec complaisance : serment de fidélité à l'Église, prêté par le tsar et les boïars, sacrement de confirmation conféré publiquement, évêques rassemblés en concile, construction et dotation d'églises, privilèges accordés au clergé, charges importantes réservées uniquement aux catholiques, etc. Toutes ces conditions doivent être jurées et mises à exécution avant l'envoi de la couronne; encore le titre accordé à Ivan ne sera-t-il que celui de roi de Moscovie, la Russie ne doit y figurer dans aucun cas. Enfin, dernière précaution, l'envoyé polonais parlera et

agira dans cette affaire en son propre nom
pour réserver au roi sa pleine liberté d'action. A la teneur des instructions royales
correspondent les lettres officielles des sénateurs au pape et au collège des cardinaux. Sans entrer dans les mêmes détails,
elles contiennent une menace beaucoup
moins dissimulée de schisme : la terreur
mal fondée du roi s'était communiquée à
son conseil [1].

Ainsi s'incarnait dans les faits le pro-
gramme adopté dès le début ; le pape
était mis en demeure d'offrir à Ivan des
conditions qui devaient être nécessaire-
ment rejetées. Rassuré de ce côté, Auguste était tourmenté par un autre scru-
pule : trouverait-il à Rome toute la
condescendance voulue, et le chef de
l'Église se chargerait-il d'un rôle si
odieux? Ne devrait-il pas tenir compte
au moins de l'empereur, que l'on sup-
posait encore favorable aux Moscovites?
Cette éventualité était trop facile à pré-

1. *Scriptores rer. pol.*, I, pp. 72-74.

voir pour qu'on n'y remédiât pas d'a-
vance. Les instructions analysées plus
haut avaient été envoyées à Kryski le
18 février ; le courrier porteur de la dé·
pêche devait attendre à Rome la réponse
pontificale pour la porter immédiatement
en Pologne. Trois jours après, ces dispositions sont révoquées : si les négociations échouent, si la couronne est envoyée à Ivan, Kryski n'a plus besoin d'en
avertir le roi ; il est autorisé d'avance à
produire une protestation solennelle, où
libre cours est donné au plus profond
dépit. Après avoir énuméré les mérites
de ses ancêtres et les siens, Auguste se
répand en plaintes amères contre le pape :
accorder le titre royal à Ivan, c'est pren·
dre fait et cause pour ses ennemis, c'est
porter atteinte à la sécurité de la Pologne.
Prenant à témoin le pape lui-même et
les cardinaux, il déclare qu'il ne garantit
plus la soumission traditionnelle de son
peuple envers le Saint-Siège, que lui-
même n'aura plus pour le pape les sentiments dévoués de ses pères. Si Rome

favorise les projets ambitieux de son rival, c'est à lui de redoubler d'efforts pour les déjouer, ses ancêtres en eussent agi de même; il ne reculera pas, s'il le faut, devant une alliance avec les Turcs qu'il voulait auparavant combattre; d'autres que lui en seront responsables [1].

Nous voici arrivés au point culminant de la polémique polonaise au sujet de Moscou ; la protestation d'Auguste donne la mesure de son hostilité envers Ivan et révèle le dernier mot de sa politique : guerre contre Rome et alliance avec les Turcs, telles sont les menaces du roi de Pologne, si la couronne royale est accordée au grand-duc de Moscou. Au fond, ce qui préoccupe surtout Auguste, ce sont les provinces qu'il veut reconquérir sur les Russes ; le prestige que donnerait à Ivan le titre royal, accordé par le pape, serait une première et grande bataille perdue : c'est ce qu'il s'agit d'éviter à tout prix.

1. *Ibidem*, I, pp. 71, 74.

Ces considérations de territoires et de frontières n'avaient, aux yeux de Rome, qu'une importance secondaire; l'objectif des papes appartenait à un ordre plus élevé; leurs efforts tendaient surtout vers la réunion des églises, qui aurait eu pour suite l'alliance de Moscou contre les Turcs. Pour atteindre ce but, volontiers on eût accordé le titre royal à Ivan, sauf à régler ensuite les conditions d'une paix durable avec la Pologne, qu'on voulait aussi ménager. Ce royaume traversait, à l'époque qui nous occupe, une crise des plus dangereuses; il était devenu le refuge des plus ardents novateurs, le foyer des doctrines les plus avancées; l'unité de croyance se voyait par là gravement compromise et ce n'était pas sur Auguste II, chancelant dans sa foi, débauché dans ses mœurs, qu'il fallait compter pour la maintenir dans sa splendeur première. La prudence devenant plus nécessaire que jamais, les réclamations officielles du roi de Pologne devaient l'emporter sur les propositions équivoques de Steinberg. Ainsi en fut-il en réalité.

Les documents contemporains n'ont pas conservé le souvenir des démarches que Kryski a dû faire à la suite des instructions menaçantes du roi; ce qui est certain, c'est qu'on n'eut guère besoin de recourir aux moyens extrêmes. Sans que la protestation d'Auguste eût été produite, puisque la couronne royale n'a jamais été octroyée à Ivan, Jules III, en réponse à la dépêche sénatoriale du 15 février 1553, adressa le 15 avril une lettre aux évêques polonais, où il déclare que toutes les propositions de l'envoyé moscovite ont été rejetées et qu'à l'avenir les affaires de ce genre ne seront pas traitées à l'insu du roi et des évêques de Pologne [1]. Cette promesse pontificale nous semble autrement grave que les fins de non-recevoir opposées à Steinberg; vu les circonstances, on ne pourrait toutefois lui donner d'autre valeur que celle d'un engagement

1. Raynaldi, *Annales ecclesiastici,* XIV, ad ann. 1553, XL.

personnel. Pour le moment, avec la lettre aux évêques, confirmée par celle du 27 mai au roi des Romains, l'incident était clos : les Polonais avaient remporté une victoire éclatante sur toute la ligne.

En attendant, que devenait Steinberg ? Toujours en lutte avec le cardinal Maffei et Kryski, il semble avoir ignoré les brefs pontificaux, qui auraient dû lui ôter tout espoir. Ce n'est pas, du reste, qu'il en eût beaucoup ; lorsque l'ancien nonce de Vienne vint à quitter Rome, il eut même la velléité de plier bagage ; les cardinaux Salviati et Imola le retinrent pour faire une nouvelle tentative, qui ne fut pas plus heureuse que les précédentes, à cause de l'opposition de Maffei [1]. A la mort de ce vigoureux défenseur de la Pologne, un rayon d'espoir parut à l'horizon : après une entrevue avec le confesseur du pape, Steinberg fut mis en rapport avec le cardinal Trani ; c'était au mois de septembre. De sa plume toujours féconde, le

---

1. Fiedler, *l. c.*, p. 92.

chancelier moscovite rédigea aussitôt deux mémoires pour le cardinal, un projet d'instructions pour lui et le comte d'Eberstein, des minutes de lettres pontificales à Ivan IV, à l'archevêque de Moscou, à Charles-Quint, à Ferdinand Ier, à Sigismond-Auguste II [1]. Déjà il reprenait courage, lorsque la mort du cardinal Trani vint le priver de son nouveau protecteur et de son dernier appui. A dater de cette époque, les traces de Steinberg disparaissent complètement ; on ignore jusqu'aux réponses qui lui furent données à Rome ; peut-être préféra-t-on laisser tomber l'affaire d'elle-même et s'épargner ainsi des explications aussi pénibles qu'inutiles.

Le lecteur a maintenant sous les yeux tout le cours de la mystification depuis ses origines jusqu'à son dénouement. C'est Schlitte, évidemment, qui est l'auteur et l'inventeur de toute cette combinaison politico-religieuse ; Steinberg en est la victime, il se dévoue à la cause et c'est à

1. *Ibidem,* p. 95 et suiv.

ses dépens que se font les premières démarches. Mais, si bas que fût son point de
départ, l'idée de Schlitte n'en devait pas
moins parvenir jusqu'aux plus hautes ré-
gions et, dans un moment donné, préoc-
cuper les plus grands personnages de
l'Europe. A Rome, on n'avait pas d'opinion arrêtée sur Steinberg et, du temps de
Pie V, on était encore à se demander s'il
avait été, oui ou non, dûment autorisé à
traiter la grande affaire de la réunion des
églises [1]; ainsi s'expliquent le bon accueil
qu'on lui fait et les précautions dont on
s'entoure. Quant à Sigismond-Auguste,
il n'a pas l'ombre d'un doute sur la réalité des négociations de Steinberg; c'est
son intime conviction qu'Ivan veut obtenir du pape la couronne royale par des
promesses trompeuses de soumission et
d'alliance; et, pour conjurer le danger, les
mesures les plus efficaces lui semblent nécessaires; c'est ainsi qu'il en vient à mettre en parfaite évidence son système poli-

1. Voir chap. III.

tique vis-à-vis de Moscou à l'endroit des relations avec Rome : dans ces révélations se concentre l'importance historique de la mystification. Quelle était, se demandera-t-on enfin, dans tout cela la part d'Ivan ? peut-on supposer qu'il ait eu des velléités de rapprochement avec Rome et qu'il ait autorisé ses agents à faire des démarches dans ce sens? Le lecteur aura pu se convaincre que les documents ne fournissent pas de preuves à l'appui de cette thèse : les patentes de Schlitte ne contiennent pas la moindre allusion aux affaires d'Église, celles de Steinberg ont été délivrées à l'insu d'Ivan et ne sauraient être prises pour l'expression de sa pensée personnelle. Mais peut-être Schlitte avait-il des instructions verbales, qu'on n'a pas osé confier au papier? Rien n'autorise une conjecture si étrangère aux mœurs du Kremlin : nous sommes à l'époque brillante du règne d'Ivan, le métropolitain Macaire et surtout le pope Sylvestre ont une influence prépondérante sur les affaires religieuses; ni l'un ni l'autre ne sont suspects de latinisme, les nombreuses ordonnances du tsar n'en portent pas la moindre trace et lui-même, à l'occasion du siège et de la prise de Kazan, fait parade de ses sentiments orthodoxes. L'attachement à la foi de ses pères dure autant que sa vie, malgré le désordre de ses mœurs : les années 1581 et 1582 en sont la preuve. Réduit à la dernière extrémité par les victoires de Bathory, il demande l'intervention du pape pour obtenir la paix, mais il reste inébranlable sur l'article de la religion. Lorsque Possevino, envoyé auprès de lui par Grégoire XIII, lui en parle, il remet l'affaire jusqu'après la conclusion de la paix; celle-ci une fois signée, à peine consent-il à des discussions stériles, qui restent sans résultat. Supposer qu'Ivan ait été plus conciliant et plus accessible à l'époque de sa gloire qu'au moment de ses désastres, c'est méconnaître complètement son caractère.

CHAPITRE II

CANOBIO ET GIRALDO

Canobio destiné pour Moscou. — Ses instructions. — Peu opportunes surtout après la transformation d'Ivan IV. — Efforts de Hosius pour faciliter la mission moscovite. — Difficultés de sa mission. — Canobio à Cracovie. — Canobio à Vilna. — Lutte entre Radziwill et Padniewski. — Échec de Canobio. — Explications entre le pape et le roi de Pologne. — Giraldo destiné pour Moscou. — Ses instructions. — L'histoire de sa mission résumée par Possevino. — Dépêches de Commendone sur Giraldo. — Derniers détails.

 PEINE monté sur la chaire de saint Pierre, le 26 décembre 1559, Pie IV consacra les prémices de son zèle à la réouverture du concile de Trente, déjà par deux fois interrompu. Le

cardinal-neveu Borromeo, auquel ses vertus valurent plus tard l'honneur des autels, partageait la même ardeur et jouissait dans les affaires d'une influence prépondérante. Or, d'après les idées et les mœurs de l'époque, lorsque le concile était œcuménique, il fallait inviter tous les souverains, soit catholiques, soit dissidents, à y prendre part. Des démarches furent faites dans ce sens et, dès le mois de mars 1561, on décida qu'un envoyé spécial se rendrait à cet effet auprès du « grand-duc » de Moscou [1]. Les meilleurs esprits, tels que Commendone, étaient persuadés que cette mesure réussirait à merveille, que, pour le moins, l'accueil du tsar serait des plus bienveillants [2]. Restait à faire le choix de l'envoyé, à s'entendre avec l'empereur pour garder les convenances, et avec le roi de Pologne pour obtenir l'accès de Moscou par la Lithuanie.

1. Borromeo à Commendone, 4 mars 1561. Archives du Vatican, *Litt. princ.*, 1555-1565, p. 113.

2. Commendone à Borromeo, Anvers, 10 mai 1561. Bibl. Barberini, ms. LXII, 58, p. 59.

Deux candidats se trouvaient sur les rangs : Zacharie Delfino, évêque de Pharos, déjà accrédité auprès des princes d'Allemagne, et Jean-François Canobio, diplomate réputé très habile [1]. Les brefs pontificaux, dont il sera question plus tard, furent rédigés en leurs noms en double exemplaire; le choix définitif, sauf l'approbation de l'empereur, était réservé au cardinal Hosius, investi de la pleine confiance du pape, son ministre à Vienne et chargé de la haute direction de l'affaire moscovite [2]. Les préférences de Hosius se portèrent sur Canobio.

A peine rentré de Vienne à Rome, en avril 1561, celui-ci en était reparti avec des dépêches secrètes pour l'Autriche et la Prusse, ainsi qu'avec l'expectative de la mission moscovite. Vers la fin du même mois, il était déjà dans la capitale des Habsbourg, tandis que Delfino faisait

1. Voir l'appendice, n° I.
2. Borromeo à Commendone, 17 mai 1561. Cyprianus *Tab. Eccl. Rom. saec.* XVI, p. 165.

encore sa tournée en Allemagne. Dans
cette hypothèse, de l'avis de Borromeo,
c'était à Canobio de se rendre à Moscou.
L'empereur, consulté par Hosius, n'y mit
aucun obstacle. Désormais la nomination
était arrêtée : Canobio serait porteur du
bref, où Pie IV invitait Ivan à envoyer
ses ambassadeurs, s'il ne pouvait se rendre lui-même au concile, dont le but
principal serait d'extirper les hérésies et
les schismes et de ramener les peuples
dans le giron de l'Église [1]. Autoriser ce
langage à Moscou, en plein XVIe siècle,
par-devant le *tsar terrible,* c'était se ber-
cer d'une étrange illusion. Ivan n'était
plus ce souverain jaloux du bonheur de
son peuple et désireux de faire oublier un
passé criminel. Par une de ces transfor-
mations dont l'histoire ne connaît que
peu d'exemples, il était devenu tout à
coup un autre homme : un changement
radical s'était opéré dans sa personne,
dans son genre de vie, dans son gouver-

1. Voir l'appendice, n° II.

nement. A la suite d'un malheur de famille, de quelques cruelles déceptions et surtout d'un procès intérieur, qui échappe à l'analyse, les plus mauvais instincts de sa jeunesse se réveillent dans le tsar avec une force nouvelle; il éloigne ses meilleurs conseillers, le pope Sylvestre et Adachev; puis, s'entourant d'indignes favoris, d'un Basmanov, sur lequel planent les plus sinistres soupçons, d'un Viasemski, d'un Vasili Griasnoï, d'un Maluta-Skouratov, il se livre tout entier aux orgies et aux massacres. Une inconcevable fureur de destruction s'empare d'Ivan; parfois, bourrelé de remords, il demande lui-même des prières pour les « victimes innocentes ». Désormais la frénésie du sang, doublée d'un brutal mysticisme, sera le trait distinctif de sa physionomie; il ressortira en terrible saillie lorsque le tzar se mettra à la tête d'une bande infâme de massacreurs, revêtus de frocs et disciplinés comme des moines. Les premières exécutions qui vinrent frapper de stupeur la Moscovie tout entière se rapportent à l'année 1561, c'est-à-dire à l'époque où, ne se doutant de rien, Canobio faisait tous ses efforts pour pénétrer dans le pays.

A Vienne, le cardinal Hosius mettait également tout son crédit au service de cette cause. Polonais et ministre pontifical, aussi bon patriote que dévoué au Saint-Siège, le rôle d'intermédiaire entre le pape et le roi de Pologne lui revenait tout naturellement. L'empereur, nous l'avons dit, ayant approuvé la mission moscovite, il n'y avait plus qu'à triompher des résistances qui pourraient se produire en Pologne. Hosius prit d'avance ses mesures : Canobio fut mis en rapport avec Martin Kromer, intime ami du cardinal, ministre de Pologne à Vienne, déjà interpellé par son maître sur l'incident moscovite. Après avoir pris connaissance des pièces relatives à cette mission, Kromer fit au roi un rapport des plus favorables [1].

6. Ms. Rohatynski à Lemberg : *Acta legationis Martini Cromeri*, f. 330, 333 v.

Vers la fin du mois de mai, Canobio était à Cracovie en conférence avec Berardo Bongiovanni, évêque de Crémone et nonce du pape en Pologne. Celui-ci appela son attention sur la rivalité entre les deux cours d'Autriche et de Pologne, et partant lui conseilla de passer sous silence l'approbation donnée par l'empereur : c'eût été éveiller les soupçons de Sigismond-Auguste et compromettre le succès de l'entreprise. Prévoyant d'où viendraient les difficultés, il le pourvut d'une lettre pour l'un des plus ardents champions des nouvelles idées, le palatin de Vilna, Radziwill, qu'il se flattait de ramener un jour à la foi des ancêtres [1]. Muni de ces conseils et accompagné d'un religieux dominicain, Canobio, plein d'espoir, partit le 16 juin pour Vilna, où résidait en ce moment le roi. Hosius ne partageait pas ses illusions : une lettre de Sigismond-Auguste, pleine de réticences calculées, le portait à croire que l'en-

7. Theiner, *Mon. hist. Pol.*, II, p. 665 et suiv.

voyé pontifical ne parviendrait jamais
jusqu'à Moscou [1].

Toutefois on put, un moment, taxer le
scepticisme de Hosius d'exagéré ; si bienveillant, si aimable fut l'accueil du roi,
que Canobio ne douta plus de son prochain départ pour Moscou. Mais avant de
se prononcer définitivement, Sigismond
demanda un délai pour consulter, comme
d'ordinaire, les sénateurs. Ce délai devait
être fatal. D'ailleurs l'affaire en elle-
même était trop complexe pour qu'une
solution quelconque pût satisfaire également
ment tous les intéressés : le roi de Pologne, en guerre avec le tsar à cause de la
Livonie, était mis en demeure d'accorder
libre passage à un mandataire pontifical
en route pour Moscou ; rivaux éternels
des Russes, les Polonais, en général, ne
voyaient pas de bon œil la Moscovie sortir de son isolement ; l'immixtion de Rome
paraissait toujours redoutable aux Li-

---

1. Hosius à Commendone, Vienne, 17 juin 1561. Archives du Vatican, *Litt. princ.*, XXII, p. 128.

thuaniens calvinistes et protestants ; le
roi lui-même — nous l'avons vu à pro-
pos de Steinberg — était, par propre conviction, hostile aux projets de ce genre. A
en croire le nonce, Canobio aurait été
aussi pour quelque chose dans la fâ-
cheuse issue de son affaire : à peine arrivé à Vilna, au lieu de se renfermer
dans une réserve diplomatique, il se montra très assidu à l'ambassade d'Autriche ;
en outre, à chaque occasion, il ne man-
quait pas de se prononcer ouvertement
en faveur de la reine contre les projets de
divorce du roi : c'était piquer au vif ce
vieillard frivole, victime de coupables et
volages amours. Quoi qu'il en soit, le fait
est que Radziwill, faisant flèche de tout
bois, sut admirablement tirer parti des
circonstances. Ses espions le tenaient au
courant des démarches de Canobio ; à son
tour, il en informait le roi, qui s'alarmait
et tergiversait, ne sachant que répondre.
Un seul homme luttait avec succès contre
Radziwill, c'était Padniewski, évêque de
Cracovie, vice-chancelier du royaume,

partisan déclaré du projet romain. Radziwill comprit que, pour ébranler le roi, un coup de théâtre était nécessaire. Aussitôt il dépêche un courrier à Vienne, qui en rapporte des nouvelles très compromettantes : Canobio avait longuement conféré avec l'empereur et reçu des instructions de sa part, il fallait s'attendre à un piège de la maison d'Autriche et se mettre en garde. Padniewski eut alors une audience orageuse à subir : voyant déjà le pape et l'empereur ligués contre lui, Sigismond accabla de reproches son vice-chancelier. Celui-ci, en homme avisé, révoqua en doute les renseignements puisés à des sources suspectes et fit si bien qu'un nouveau courrier fut expédié à Vienne pour prendre langue non plus auprès des amis protestants de Radziwill, mais auprès de Martin Kromer, représentant officiel du roi. Naturellement la réponse fut des plus rassurantes.

Là-dessus de nouvelles discussions s'engagent à Vilna. Radziwill tenait bon : il invoquait les souvenirs du temps de Si-

gismond Ier et plaidait la cause au point
de vue lithuanien ; Padniewski insistait
sur la nécessité de ne pas se brouiller
avec Rome, ce qui aurait une funeste influence non-seulement sur l'affaire pen-
dante de Bari [1], mais aussi sur le sort de
la religion en Pologne. En présence de
ces avis contraires, l'embarras du roi allait chaque jour croissant, de même que
ses incertitudes ; il ne voulait ni favoriser
les Moscovites ou les Autrichiens, ni
rompre ouvertement avec le Saint-Siège.
Il fallut toutefois se décider : fatigué par
un mois et demi d'attente, Canobio désirait savoir à quoi s'en tenir. Le parti le
plus agréable à l'entourage et, à ses yeux,
le plus sûr l'emporta dans l'esprit du roi :
avec grand étalage de dévouement envers
le Saint-Siège, il déclara à Canobio ne pas
pouvoir consentir à son départ pour
Moscou ; jamais, en temps de guerre, les

---

1. Les duchés de Bari et de Rossano avaient appartenu
à la reine Bona, mère de Sigismond-Auguste, qui les re-
vendiquait à titre d'hoirie.

ambassadeurs étrangers ne traversent la Lithuanie ; les sénateurs réclament énergiquement le maintien de cet antique usage, le roi ne saurait s'y refuser. Le prétexte était spécieux, Canobio s'épuisa à le combattre, Sigismond resta inflexible. Si le passage pour Moscou est accordé à l'envoyé pontifical, disait-il à bout de ressources, il faudra également l'accorder au député des princes protestants rassemblés à Naumbourg, ce qui déplairait au pape autant qu'au roi lui-même. Après un argument de ce genre, la discussion devenait inutile. Résigné, mais non convaincu, Canobio partit le 19 août pour la Prusse ; encore voulut-on l'en empêcher, de crainte qu'il n'allât à Moscou par la Livonie, preuve évidente que le respect des usages lithuaniens n'était pas le seul motif qui avait inspiré la conduite du roi. Canobio attribuait son échec, d'une part, à l'influence funeste des hérétiques dont le roi était entouré, d'autre part, à l'indifférence de ceux qui, « plus que les autres, auraient dû le soutenir ». Cette dernière plainte

pourrait être une pierre jetée dans le jardin
du nonce : n'est-ce pas à lui, en premier
lieu, de soutenir les envoyés pontificaux ?
On sait, d'ailleurs, qu'il y avait divergence
d'opinion entre le nonce et Hosius ; or,
Canobio était l'homme de Hosius, rien
d'étonnant qu'il ne s'entendît pas avec le
nonce. Le roi lui-même, désireux de se
justifier aux yeux du pape, rejetait toute
la responsabilité sur les sénateurs lithuaniens et le nonce s'empressait de l'excuser
auprès du cardinal Morone. Quant au
pape, il croyait avoir rempli un devoir
en invitant le tsar au concile, toute inten-
tion hostile contre la Pologne lui était
étrangère ; chaque fois que l'on revint sur
ce sujet dans le cours de l'année 1562, le
nonce s'exprima dans ce sens, tout en regrettant de voir le roi si facilement accessible à d'injustes soupçons. Sigismond ne
manqua pas de faire amende honorable,
mais il en dit assez pour laisser comprendre
qu'il était lui-même très opposé à un rapprochement entre Rome et Moscou, soit
à cause de l'immixtion de l'Autriche, soit

à cause du tsar, dont l'orgueil deviendrait intolérable, si des ambassadeurs pontificaux paraissaient à la cour de Moscou [1].

Sur ces entrefaites, si le roi de Pologne restait fidèle à ses principes, Rome n'abdiquait pas non plus ses vues sur la Moscovie. Dans l'entourage de Pie IV se trouvait le célèbre cardinal Amulio, vénitien d'origine, grand diplomate, formé à l'école de son pays natal. Les affaires concernant le concile de Trente et la ligue anti-ottomane rentraient spécialement dans la sphère de ses attributions. Or, la place de Moscou était marquée au concile, l'armée du tsar eût été un puissant auxiliaire contre les Turcs; quoi d'étonnant si Amulio porta ses regards de ce côté ! sur ses instances, une nouvelle mission est décrétée. C'était pendant l'automne de l'année 1561. L'échec de Canobio était un fait accompli, on était

____

1. Pour les détails de ces négociations voir Theiner, *Mon. hist. Pol.*, II, pp. 641, 671, 678, 697, etc. ; Pallavicini, *Hist. Conc. Trid.*, p. II, l. 15, c. 9, n° 4 ; Archives du Vatican, *Lett. di Segr.*, 170 A, pp. 34, 35.

suffisamment édifié sur les dispositions de la Pologne; partant, l'entreprise fut environnée de mystère. Un compatriote du cardinal, Jean Giraldo, surnommé Marinella ou Marendella, en fut chargé. Ses instructions, datées du 29 septembre 1561, sont analogues à celles de Canobio, si ce n'est qu'il devait mentionner de loin la question turque et l'échec de la première ambassade par suite d'obstacles insurmontables. En outre, on l'autorisait, si faire se pouvait, à rester lui-même dans le pays et à recruter quelques jeunes gens qui, après avoir achevé leurs études à Rome, viendraient mettre au service de la patrie leurs talents et leur science. Le trait caractéristique de ce document est dans les formules d'étiquette : Ivan y est traité de *roi, roi sérénissime, majesté* [1].

Quel a été le succès de cette mission? Plus fortuné que Canobio, Giraldo a-t-il

1. Tourguéniev, *Hist. Russ. mon.*, I, p. 181, no CXLI. Voir l'appendice no III.

pu pénétrer jusqu'en Moscovie ? Lui-
même a conté ses aventures à Possevino,
lorsque celui-ci, se rendant auprès d'I-
van IV en 1581, s'arrêta pendant quelques
jours à Venise. Laissons la parole au célèbre jésuite : « Ainsi encore dans cette
« ville un certain Jean Geraldi *(sic)*, sur-
« nommé Marinella, qui tout vénitien
« qu'il est sait la langue allemande et
« polonaise, est venu me trouver et me
« raconter que, du temps de Pie IV, il a
« été envoyé à Moscou par le cardinal
« Amulio sur l'ordre de Sa Sainteté, mais
« que ni les Polonais, ni le roi Sigismond
« ne voulurent d'aucune manière lui ac-
« corder le passage, par crainte peut-être
« que le Siège Apostolique ne pût mettre
« ainsi quelque frein à la Pologne ; il re-
« vint alors sur ses pas pour prendre le
« chemin de la Livonie ; mais, ne pou-
« vant continuer ses voyages à cause de
« différentes difficultés, il fut obligé de
« rentrer en Italie [1].... »

1. Archives du Vatican, *Germ.* 93, p. 29.

Telle est, en résumé, l'histoire de la mission de Giraldo; quant aux détails, la correspondance diplomatique de l'époque n'en a conservé que des lambeaux. Bien que ses instructions fussent datées de l'année 1561, le nom de Giraldo ne se retrouve qu'en 1564, sous la plume du nonce de Pologne. Ce poste était alors brillamment occupé par Commendone. A sa grande surprise, il apprend un jour qu'on a intercepté un pli avec des dépêches chiffrées et un bref du pape à Ivan IV. Giraldo, porteur de ces messages, emprisonné d'abord, puis relâché, prétend que toute la correspondance est entre les mains du roi et refuse de s'expliquer ultérieurement. Sigismond paraît en effet profondément blessé, les partisans des nouvelles idées exploitent cet incident, Commendone lui-même est mystifié et, dans sa dépêche du 3 janvier 1564, il insinue au cardinal Borromeo le désir d'être mis au courant de l'affaire [1]. Mal-

---

1. Tourguéniev, *Hist. Russ. mon.*, I, p. 199, n° CXLV.

heureusement la réponse de Borromeo qui devrait contenir de précieuses révélations, ne nous est pas parvenue. Trois mois après, le 5 avril, le nonce revient sur le même sujet pour confirmer les renseignements déjà donnés. C'est à l'archevêque que le roi fait là-dessus ses confidences, Commendone se sert du même intermédiaire pour insister sur les sentiments sincères du pape et, après en avoir rendu compte dans sa dépêche, il ajoute : « Quant à moi, je ne vois pas grand mal à « ce que le roi se persuade que le Siège « apostolique pourrait un jour entrer en né- « gociation avec Moscou et peut-être cette « affaire ne serait-elle pas à négliger com- « plètement [1]. » Le nonce avait de bonnes raisons pour tenir ce langage : l'affaire du divorce royal était à l'ordre du jour ; les plus dangereux sectaires se multipliaient impunément ; pour amener le roi à prendre des mesures efficaces, un point d'appui en dehors de la Pologne n'était pas inopportun.

1. *Ibidem*, p. 202, nᵒ CXLV.

A partir de cette époque, il n'est plus question de Giraldo dans la correspondance de Commendone, ce qui fait croire que l'affaire n'eut pas de conséquences fâcheuses. Du reste, le Concile de Trente ayant été dissout en 1563, le but principal de la mission ne pouvait plus être atteint. Quant à Giraldo, nous le retrouvons à Venise en 1580, occupé à traduire la lettre d'Ivan IV, présentée au doge par Chévrighine [1]. L'année suivante, il fait à Possevino le récit mentionné plus haut, ensuite ses traces disparaissent. L'idée de la mission moscovite n'était pas abandonnée : une nouvelle tentative a lieu sous Pie V.

1. Archives de Venise, *Esp. Princ. Coll. secreta*, 1580-1583, p. 24 verso.

CHAPITRE III

VINCENT DEL PORTICO

Pie V, type d'un moine-pontife. — Sélim II déclare la guerre à Venise. — Le pape travaille à l'alliance des princes chrétiens contre les Turcs. — Bonne opinion sur les Moscovites à Rome. — Vincent del Portico, nonce de Pologne, est destiné pour Moscou. — Ses instructions. — On ignore à Rome les excès sauvages d'Ivan, l'institution de l'opritchnina, les massacres périodiques, le sac de Novgorod. — Portico s'ouvre sur la mission moscovite au roi de Pologne : ses tergiversations. — Préparatifs de voyage de Portico. — Il envoie à Rome les relations sur Moscou de Schlichting et des ambassadeurs polonais. — Pie V renonce au projet moscovite. — La bataille de Lépante et Devlet-Ghireï.

IE V était l'homme providentiel, qui devait le premier ébranler la puissance menaçante des Osmanlis. Elevé dans la suite à l'honneur des autels, il a été durant sa vie le type du moine,

couronné de la tiare pontificale. Issu de la famille des Ghislieri, il appartenait par le fait même de sa naissance à ces anciennes et fortes générations, qui savaient si bien allier le courage à la piété ; sa jeunesse se passa dans la solitude du cloître, où l'austère discipline et de sérieuses études donnèrent à son caractère une trempe virile et à ses idées une teinte profonde d'ascétisme. Les ministères qu'il eut ensuite à exercer, soit comme religieux dominicain, soit comme cardinal, et qui le mettaient souvent en contact avec les hérétiques au tribunal de l'inquisition, ne firent que développer les deux traits saillants de sa remarquable personnalité. La même empreinte se retrouve encore chez le pontife : d'une piété angélique au pied des autels, il ne recule pas devant les rigueurs nécessaires au maintien de la discipline et à la sauvegarde de la foi ; aux progrès croissants de l'islamisme, il oppose une ardeur guerrière, dont les circonstances ne tardent pas à lui faire un devoir.

Les flammes qui avaient consumé l'arsenal de Venise étaient à peine éteintes et la reine de l'Adriatique se remettait lentement de ce désastre ; en Espagne, les Maures de Grenade exerçaient encore de sanglantes représailles contre leurs maîtres, lorsque des bruits sinistres de guerre et d'invasion ottomane se répandirent dans le monde chrétien. L'ombre de Soliman planait au-dessus de l'empire turc, dont ce fameux capitaine avait reculé les frontières à l'est jusqu'à la forteresse de Wan, à l'ouest jusqu'à celle de Gran ; au midi, il avait subjugué Alger, Tunis et Tripoli ; ses talents militaires lui survivaient encore dans la personne du grand-vizir Mahomet-Sokolli, qu'il avait légué à son fils, et le sultan Sélim II lui-même n'était pas si adonné aux plaisirs énervants du harem, qu'il n'eût des éclairs de courage et des velléités de conquête. C'était surtout l'île de Chypre avec son ciel d'azur, ses champs fertiles, ses vignobles, ses mines d'alun, de sel et de cuivre, qui formait depuis longtemps l'objet de ses convoitises. Lorsqu'il apprit que les flammes ravageaient Venise et que le sang coulait en Espagne, il crut le moment opportun pour exécuter ses projets belliqueux et faire valoir ses futiles réclamations au sujet de Chypre. La république de Saint-Marc n'eut pas de peine à en faire justice. Il s'y attendait, et aussitôt les voies de fait succèdent aux menaces : le 13 janvier 1570, l'ambassadeur de Venise, Marc-Antoine Barbaro, est arrêté, les navires vénitiens sont séquestrés; en même temps les fameux corsaires levantins paraissent dans la Méditerranée et les frontières de la Dalmatie sont infestées par les brigands. Désormais le doute n'était plus possible, les Turcs déclaraient la guerre à la Seigneurie.

Cet événement jeta partout l'épouvante et l'effroi. Le siège de Malte avec ses scènes sanglantes vivait encore dans tous les souvenirs et voilà que le croissant se montre de nouveau à l'horizon; le danger était commun et personne ne pouvait prévoir les conséquences d'une guerre

malheureuse, ni fixer des limites aux conquêtes d'un ennemi, qui avait juré la destruction du christianisme. Il fallait donc
organiser promptement la défense et, d'a-
près les idées de l'époque, c'était au chef suprême de la chrétienté à s'en occuper, car
ce n'était pas une simple lutte de nation à
nation qui s'engageait, c'était le croissant
qui se dressait contre la croix et Maho-
met qui disputait à Jésus-Christ l'empire
du monde. Pie V ne faillit pas à sa mission. La pensée d'une ligue universelle
contre les Turcs le préoccupait depuis
longtemps et, dès les premiers jours de son
pontificat, il en avait fait le point de départ
de ses combinaisons politiques. A l'ap-
proche du danger, il redouble d'activité,
cherchant des alliés, armant des galères à
ses frais, faisant appel à tous les dévoue-
ments. Nous ne suivrons pas le pontife
dans ses multiples négociations avec la
plupart des princes de l'Occident, voire
avec quelques souverains orientaux, dans
le but de rallier les uns et les autres sous
le même drapeau contre les Osmanlis; le

cadre de ce travail est plus restreint, il s'a-
git seulement des rapports de Pie V avec
la Moscovie, dont les origines remontent
à la même source, c'est-à-dire au projet
de guerre contre les Turcs.

Dans le rapprochement, sur ce terrain,
du pape avec le tsar, il n'y a rien qui
doive nous étonner. Le danger était si
pressant et la cause d'un intérét si général, qu'en dehors du monde musulman
on pouvait chercher partout, avec l'espoir
légitime d'en trouver, des points de contact. A cette époque, on avait d'ailleurs à
Rome une idée très favorable des Moscovites et de leur souverain ; les négociations de 1550-1551 en étaient la cause. A
deux reprises, on avait ensuite essayé d'envoyer des mandataires à Moscou, chaque
fois le roi de Pologne avait suscité des obstacles insurmontables ; ainsi rien n'était
venu modifier l'impression produite par
les avances de Steinberg, quoique, au
reste, comme Pie V l'avoue lui-même, on
ne sût pas au juste à quoi s'en tenir ni
sur l'authenticité de son ambassade, ni

sur la valeur de ses propositions [1]. Les plus récentes relations officielles n'étaient pas de nature à dissiper ces illusions. Le nonce de Pologne, Jules Ruggieri, de retour à Rome en 1568, écrivait dans son rapport que le tsar était ennemi déclaré des luthériens et qu'il accepterait peut-être le concile de Florence, si un ministre pontifical trouvait l'occasion de lui en exposer les principes. Quant à la politique, il ne cachait pas au pape l'animosité qui régnait entre les Polonais et les Moscovites ; une paix solide et durable lui paraissait impossible, tout au plus pouvait-on espérer une trêve de quelques années [2].

Ces circonstances dans leur ensemble frappèrent l'esprit éminemment pratique de Pie V ; elles indiquaient le but à atteindre et la marche à suivre ; aussi, dans les instructions données en 1568 au successeur de Ruggieri, le nouveau nonce est-il mis en demeure d'établir la paix en-

---

1. Archives du Vatican, *Polit.*, 81, p. 417.
2. *Relacye nuncyuszów*, I, p. 165.

tre Ivan IV et Sigismond-Auguste et de déclarer à celui-ci que le pape était prêt à envoyer un ministre spécial à Moscou pour obtenir plus facilement ce résultat [1]. Bientôt la guerre de Chypre vint donner à ce projet une nouvelle importance et au pape l'occasion d'en faire l'objet non plus d'un avis quelconque, mais d'une négociation diplomatique. C'est encore au nonce de Pologne, intermédiaire d'office pour les affaires moscovites, qu'il s'adresse. Ce poste était alors occupé par Vincent del Portico, qui avait fait ses premières armes auprès de Pie IV, en qualité de mandataire de Lucques, sa ville natale ; passant ensuite au service du pape, il était monté de degré en degré jusqu'à la charge importante et enviée de nonce en Pologne [2]. De nouvelles et plus pressantes instructions lui sont envoyées, l'âme de Pie V s'y reflète tout entière avec sa candeur et son énergie [3]. Le pape dé-

1. Archives du Vatican, *Polit.*, 33, p. 33.
2. Voir l'appendice, n° IV.
3. Voir l'appendice, n° V.

sire que Portico se rende lui-même à Moscou après avoir pris les informations nécessaires, qu'il se présente en personne devant le tsar *terrible* et qu'il lui expose franchement l'état des choses : des ambassades moscovites ont été envoyées à Rome du temps de Paul III [1] et de Jules III ; elles ont témoigné du dévouement d'Ivan IV envers le Saint-Siège et fait de très gracieuses avances ; le pape voudrait savoir si elles étaient dûment autorisées à en agir ainsi et si le prince est encore dans les mêmes sentiments ; de son côté, il est prêt à envoyer à Moscou des évêques et des prédicateurs pour y propager la foi romaine. Par mesure de prudence, on conseille au nonce de ne parler qu'en général de la religion sans aborder les questions particulières de controverse, à moins que le tsar ne propose lui-même des doutes sur la primauté de saint Pierre, sur le purgatoire, sur la procession du Saint-

1. Il ne reste, que je sache, aucun vestige des relations avec Paul III.

Esprit, sur la vision immédiate de Dieu
après la mort — c'était supposer Ivan
beaucoup plus subtil théologien qu'il ne
l'était en effet. Mais ce qu'il fallait, au
contraire, proposer d'une manière catégorique et circonstanciée, c'était le projet de
ligue contre les Turcs : le nonce devait
représenter l'imminence du danger, les
avantages d'une guerre victorieuse suivie
de conquêtes, les bonnes dispositions des
princes et leurs préparatifs militaires, et
user ensuite de tout son ascendant auprès du tsar pour l'engager à mettre sur
pied une nombreuse armée, qui attaque-
rait les Turcs au mois d'avril ou de mai
de l'année prochaine. Dans le *post-scrip-
tum* chiffré, on ajoutait : « D'après ce que
Sa Sainteté a entendu, le Moscovite a dé-
siré obtenir les grâces et privilèges sui-
vants : qu'on lui accorde le titre royal,
qu'on lui envoie des prêtres pour instruire ses peuples dans les cérémonies de
Rome et certains artistes ainsi que d'autres choses encore; si tout cela est vrai,
Son Altesse pourra bien se le rappeler. »

Une lettre de Pie V à Ivan IV, du 9 août 1570, accompagnait les instructions ; les mêmes idées y reviennent sous une autre forme et dans l'ordre inverse : c'est la guerre contre les Turcs qui figure sur le premier plan [1].

En recevant ces dépêches, le nonce de Pologne dut être frappé d'étonnement, pour ne pas dire de stupeur. Mieux renseigné sur les affaires de Moscou qu'on ne pouvait l'être à Rome, il ne se dissimulait probablement pas qu'il y avait des abîmes entre les hypothèses romaines et la réalité. Si auparavant le tsar n'avait pas eu ce vif désir qu'on lui attribuait gratuitement de s'unir à l'église romaine, en 1570 il était moins que jamais dans les dispositions requises pour une démarche de ce genre. Loin d'être un phénomène transitoire, l'étrange transformation de 1561 avait passé à l'état de mal chronique et persistant. Oubliant qu'il avait juré d'être le père de son peuple, le vain-

---

1. Theiner, *Mon. hist. Pol.*, II, DCCXCVI.

queur de Kazan et d'Astrakhan était devenu le type du tyran, mais d'un tyran
taillé à l'antique, qui n'a plus l'horreur
du sang et qui n'écoute que ses instincts
sauvages. Doué d'une constitution robuste, il se livrait impunément aux plus
coupables excès, étouffant ses remords dans
une dévotion hypocrite; et ce bizarre ac-
couplement de piété et d'infamies, d'orai-
sons et de crimes, jette une lueur à la fois
rebutante et sinistre sur cette époque du
règne d'Ivan. En 1564, il imagina un
singulier expédient pour revêtir des for-
mes de la légalité l'abus du pouvoir
qu'il se permettait. Au commencement de
l'hiver, il quitte brusquement Moscou,
emmenant avec lui sa famille ainsi qu'une
partie de ses trésors, et il fait déclarer
publiquement qu'il n'est plus en état de
gouverner le pays : les boïars sont des
traîtres qui ravagent les provinces et
mettent la patrie aux enchères; veut-on
sévir, le clergé intervient en faveur des
coupables; pour échapper à cette alterna-
tive, il s'en va « où Dieu lui montrera le

chemin. » A cette nouvelle inattendue,
Moscou fut glacée d'épouvante ; peut-être
aurait-on médiocrement regretté le bras
de fer d'Ivan si l'on n'eût été menacé de
tomber entre les mains des boïars, et,
tyran pour tyran, mieux valait en avoir
un seul que plusieurs. L'élite de la capitale se rendit à la Sloboda Alexan-
drovskaïa, où Ivan s'était réfugié et le
supplia de reprendre les rênes du gouvernement. Le tsar consentit à retirer son
abdication éphémère, à condition qu'il
pourrait dorénavant châtier à son gré les
délinquants, sans que personne eût le
droit de réclamer. Ainsi s'établissait officiellement le régime autocratique, dont
Pierre Ier fera plus tard un vaste et puissant organisme et qui traverse, en ce moment, une crise décisive. En s'engageant
dans cette voie, les boïars, le clergé, les
élus de la nation brisèrent avec le passé ;
bientôt ils eurent à s'en repentir.

Investi de ses nouveaux pouvoirs, Ivan
revint à Moscou le 2 février 1565 et se
hâta d'incarner dans les faits les conces-

sions obtenues à la Sloboda. Dans ce but, il organisa la tristement fameuse *Opritch-nina* : le pays fut divisé en deux parties inégales, dont la plus grande, appelée *Zem-chtchina*, fut confiée au gouvernement des boïars sous la haute surveillance d'I-van, qui se réservait personnellement la plus petite, composée de quelques quartiers de Moscou et de dix-neuf villes de province, c'était l'*Opritchnina*. Tous les suspects en furent chassés avec femmes et enfants au plus fort de l'hiver, on leur promit ailleurs des terres équivalentes à celles qu'ils étaient sommés d'abandonner. Trois cents hommes, résolus, rompus à tous les vices, furent choisis entre mille pour composer l'entourage du tsar. Les satellites étaient dignes du maître : ils devinrent ses compagnons de débauche et ses exécuteurs de hautes-œuvres. Le sombre et mélancolique palais de la Sloboda était la résidence ordinaire du chef de l'*opritch-nina* et de ses principaux membres. Là s'offrait aux regards des Moscovites un singulier spectacle : sous l'égide de la ma-

jesté souveraine, les dehors de la vie mo-
nastique y abritaient des horreurs. Ivan
avec les siens formait une *bratia* ou com-
munauté religieuse, dont il était lui-
même l'*igoumène*. Vêtus de l'habit mo-
nacal, on les voyait, de grand matin, se
rendre à l'église pour y chanter gravement
les longs offices du rite oriental; à cer-
taines heures, ils se réunissaient encore à
la table commune, où régnaient le silence
et la frugalité. Si ces moines improvisés
subissaient, sans murmure, cette con-
trainte, c'est qu'ils étaient sûrs de la re-
vanche : le reste du temps se passait en
exécrables orgies, auxquelles succédaient
l'application de la torture aux inculpés et,
le plus souvent, leur exécution avec tous
les raffinements d'une cruauté sauvage.
Ivan était tourmenté par la soif du sang :
les délateurs pouvaient à peine suffire
pour trouver les coupables et les bour-
reaux se fatiguaient à égorger les victimes ; mais rien ne touchait le cœur désormais métallisé du tsar. L'année 1570 est
restée surtout mémorable dans les fastes

de l'*opritchnina* : à cette époque se rapportent les massacres de Novgorod. Cette
cité populeuse est faussement accusée de
tramer un complot avec le roi de Pologne ; aussitôt sa perte et sa ruine sont dé-
cidées. Ivan se met en campagne contre
elle, la terreur précède sa bande infâme
d'*opritchniki*, de sanglantes étapes marquent leur chemin et ils ne laissent der-
rière eux qu'un pays dévasté. En proie à
une indicible terreur, Novgorod reçoit,
cependant, son souverain avec tous les
signes extérieurs de la bienveillance et de
la soumission, hommage inutile ! elle n'é-
chappera pas à son triste sort. On y érige
un simulacre de tribunal, qui condamne
sans appel et juge sommairement ; mais
cette procédure paraît encore trop com-
pliquée : le plus souvent les arrêts de torture et de mort sont lancés avec un arbi-
traire révoltant ; des groupes d'individus,
parfois des familles entières sont précipités
dans le Volkhov, dont les flots saturés de
sang repoussent les victimes ; cette dernière chance de salut est encore enlevée

5.

aux infortunés Novgorodiens : les *opritch-niki* circulent en bateaux et achèvent avec le fer les moribonds qui surnagent. Cet affreux carnage dure cinq longues semaines, après quoi la ville est livrée au pillage. Plus de dix mille hommes, dit-on, y périrent dans divers genres de supplices. Quant au tsar avec sa bande, après avoir assouvi leur fureur, ils reprirent, chargés de butin, le chemin de la Sloboda.

Tel était l'homme auquel Portico devait porter, de la part du pape, des paroles de conciliation religieuse et des propositions d'alliance contre les Turcs. On avouera que la mission était pénible et qu'elle ne promettait guère de brillants résultats. Mais dans les circonstances données, avec des instructions si peu conformes à l'état réel des choses, que devait, que pouvait faire le nonce? En bon diplomate, il avait à renseigner sa cour et à l'éclairer sur la situation; en serviteur dévoué, tout au plus pouvait-il donner des preuves de bonne volonté en essayant d'exécuter les ordres reçus Il fit l'un et l'autre. Aussi lui sommes-nous redevables d'un dossier en règle sur Ivan IV, dont il sera question tout à l'heure, dès que nous aurons esquissé les démarches tentées par le nonce dans cette affaire.

La condition préliminaire à remplir était d'obtenir le consentement du roi de Pologne. Il fallait traverser ses États pour pénétrer commodément en Moscovie ; on avait, d'ailleurs, coutume à Rome de le renseigner sur les négociations poursuivies avec son voisin, car on n'ignorait pas que c'était là un point délicat. En effet, il n'était guère facile — nous l'avons vu plus haut — de dissiper les appréhensions de Sigismond-Auguste et de le faire entrer dans cet ordre d'idées Cette fois encore, il n'opposa pas, il est vrai, constamment des fins de non-recevoir aux instances du pape, mais il y eut des fluctuations dans ses réponses, et, lorsqu'elles étaient favorables, il les entourait de clauses, qui rendaient toutes ses concessions parfaitement illusoires.

Le nonce possédait la confiance du roi.

Il semble même avoir été mieux noté à Varsovie qu'à Rome; toujours est-il qu'il n'obtint jamais le chapeau de cardinal, si souvent demandé pour lui par la Pologne. Lorsqu'il fit ses premières ouvertures au sujet de Moscou, Sigismond-Auguste les accueillit favorablement : il déclara qu'il consentirait à l'envoi d'un nonce pontifical auprès d'Ivan, pourvu que ce nonce fût Portico lui-même ou toute autre personne digne de la même confiance; que la question religieuse fût le principal objet de la mission; qu'il y eût quelque espoir de la conversion d'Ivan et que tout se passât dans le plus profond secret [1]. De pareilles conditions ne · voilaient qu'à grand'peine un refus péremptoire. Aussi, interpellé par le cardinal Hosius, son ministre à Rome, il ne lui cacha pas le fond de sa pensée et se servit même, pour la mieux expliquer, d'une piquante comparaison. Le 23 mai 1871, Sigismond-Auguste écrivait à Hosius que, de l'avis de

---

1. *Biblioteka ordynacii Krasinskich,* Cz. III, CXXVI.

son conseil, il ne pourrait accorder au nonce pontifical les passeports pour Moscou, pas même en temps de trêve. Deux motifs l'engagaient à prendre cette résolution : le barbare Ivan n'en deviendrait que plus fier ; la conversion des Moscovites était une chose à laquelle il ne fallait pas songer. C'était dire, en d'autres termes, que le pape n'y gagnerait rien et que le roi de Pologne y perdrait quelque chose. Il ajoutait qu'il est plus difficile de convertir un grec ou un ruthène qu'un juif, quoique l'entêtement des enfants d'Abraham soit proverbial ; que, par conséquent, la conversion des Moscovites n'était qu'une chimère. Un apologue à l'adresse du pape servait de conclusion : le roi exprimait la crainte que « n'importe qui » n'eût le sort du chien d'Ésope lâchant le morceau de viande qu'il tient sous la dent et poursuivant son ombre dans le miroir des eaux. La morale de la fable était facile à comprendre : en protégeant Moscou, on s'exposait au danger de perdre la Pologne. Hosius était mieux que personne en état

de saisir l'allusion, mais beaucoup trop
discret pour divulguer des confidences de
ce genre : la lettre royale resta probablement ensevelie dans son portefeuille. Il y
eut toutefois de nouvelles démarches de
part et d'autre, car, le 3 septembre 1571,
le roi écrit directement au pape et déclare
qu'il persévère, au sujet de Moscou, dans
les mêmes sentiments : qu'on observe les
conditions proposées et il maintiendra sa
promesse; s'il a changé une fois de langage, c'est qu'on a posé la question d'une
tout autre manière [1].

En présence de ces déclarations, Portico
était censé jouir de sa liberté d'action. Il
devait, par conséquent, donner signe de
vie, d'autant plus que ses lenteurs faisaient
à Rome une impression si pénible que le
vice-chancelier Krasinski se crut obligé, à
un moment donné, de plaider sa cause et
d'assurer qu'il procédait de bonne foi dans
l'affaire de Moscou [2]. Les instructions ro-

1. *Biblioteka ordynacii Krasinskich*, Cz. III, XXXVIII,
CXXVII.

2. *Ibidem*, CXXXVIII.

maines lui laissaient une certaine lati-
tude : avant de se rendre lui-même auprès
du tsar, il était autorisé à envoyer des
émissaires pour sonder le terrain. C'était
le plus sage et le seul parti à prendre :
Portico avait déjà dirigé un ecclésiastique
sur Moscou dans le courant du mois de
mai, après s'être mis en rapports avec les
ambassadeurs d'Ivan, qui se trouvaient à
cette époque en Pologne; il en dépêcha
encore un second un peu plus tard. Les détails de cette double mission ne sont pas par-
venus jusqu'à nous : on ignore jusqu'aux
noms des messagers; il est même très probable, vu les circonstances, qu'ils n'ont
pas réussi à pénétrer jusqu'à Moscou [1].
Quoiqu'il en soit, le nonce n'en conti-
nuait pas moins à faire ses préparatifs et

---

1. Les lettres de Portico à Commendone (Theiner,
Mon. hist. Pol., II, pp. 770-776) auraient pu fournir des
renseignements là-dessus si elles ne présentaient une la-
cune de mars 1569 à août 1571. Quant à la correspondance encore inédite du nonce avec le secrétaire d'État, je
crois, après un sérieux examen, pouvoir affirmer qu'elle
est également incomplète.

à prendre des mesures en vue de son ambassade moscovite. Ainsi on faisait alors beaucoup de bruit autour de la discussion théologique d'Ivan avec Rokita, ministre picard, qui avait accompagné l'ambassade polonaise à Moscou en 1570. Le tsar aimait, en effet, à faire parade de son érudition biblique et il avait saisi l'occasion pour faire une apologie plus prétentieuse que savante de la foi orthodoxe. A l'issue du débat, il y eut, de part et d'autre, échange d'écrits dogmatiques : Wengierski affirme avoir vu lui-même le livre élégamment relié que le tsar avait remis à Rokita ; en attendant, la presse divulguait le *colloquium*, qui avait eu lieu à Moscou [1]. Le nonce crut qu'on pourrait peut-être en tirer parti, il le fit traduire du russe en polonais et du polonais en latin. En même temps il eut soin de faire imprimer une réfutation de la profession de foi, rédigée à Sandomir par les protestants, car le bruit courait qu'on la faisait passer au-

1. Voir l'appendice, n° vi.

près d'Ivan pour un symbole catholique. Cependant les préoccupations religieuses et littéraires n'absorbaient pas tellement le nonce, qu'il n'eût des loisirs pour les soins matériels : les voitures de voyage, les litières et autres choses de ce genre n'étaient pas oubliées [1].

Ces frais de préparatifs manifestaient au grand jour la promptitude du serviteur à obéir à son maître; le diplomate n'en était pas moins empressé de renseigner dûment sa cour. Le second rôle était de loin plus facile à remplir que le premier, grâce surtout aux circonstances qui ont admirablement servi le nonce. Pendant qu'il était en quête de renseignements sur Ivan, un soldat d'origine poméranienne, nommé Albert Schlichting, prisonnier à Moscou depuis sept ans, trouva le moyen de s'échapper et s'en vint en Pologne, où ses premiers moments de liberté furent consacrés à fixer ses souvenirs sur le papier. Attaché au service d'un mé-

1. Tourguéniev, *Hist. Russ. mon.*, I, p. 222, n° CLVII.

decin étranger d'Ivan pendant sa captivité, il avait beaucoup vu par lui-même,
beaucoup entendu et il ne se sentait pas
en veine de faire des réticences. Son prolixe mémoire de 65 grandes pages donne
une idée singulièrement défavorable du
tsar ; il y raconte avec des détails plus ou
moins exacts l'organisation de l'opritch-
nina, le sac de Novgorod, les massacres
périodiques de Moscou. Le tableau est si
sombre, que le lecteur en reste nécessai-
rement accablé. Quant à Portico, cet écrit
d'un témoin oculaire venait pour lui tout
juste à point nommé ; aussi n'épargna-t-il
pas les frais pour se le procurer et s'em-
pressa-t-il de l'envoyer à Rome pour en
édifier le pape et son secrétaire d'État [1].
C'est encore lui probablement qui fit parvenir au Vatican les relations des ambassadeurs polonais en mission à Moscou en
1570. L'accueil qui leur fut fait, les injures qu'ils eurent à souffrir n'étaient pas
de nature à faire rechercher les relations

---

1. Voir l'appendice, nᵒ vii.

diplomatiques avec Ivan. Tout en ren-
seignant ainsi sa cour, Portico gardait
pour lui-même copie des pièces relatives
aux affaires de Moscou ; il en fit part, en
1581, à Possevino : c'est ce que nous
avons appelé plus haut le dossier de Portico [1].

Cependant, grâce aux renseignements
fournis par le nonce et confirmés par les
diplomates polonais, la vérité commençait à se faire jour à Rome. Pie V résolut
d'abandonner ses plans moscovites et il
l'annonça en ces termes à son représentant en Pologne : « Nous avons vu, » dit
le pape, « ce que vous nous communiquez
au sujet du Moscovite ; ne pensez plus à
vous rendre dans ces contrées, lors même
que le roi de Pologne louerait et favorise-
rait votre voyage, car nous ne voulons
pas avoir de rapports avec une nation si
cruelle et si barbare [2]. » Le nonce n'eut
pas de peine à se conformer au désir de

---

1. Voir l'appendice, n° VIII.

2. Catena (*l. c.*, p. 185) cite ces paroles textuellement
dans son récit, sans indiquer de source.

son maître et, le 3 octobre 1571, il écrivit
au cardinal Rusticucci qu'il renonçait
volontiers au projet d'aller en Moscovie.
L'entreprise lui semblait si importante et
si difficile, qu'il se faisait un mérite de
n'avoir pas reculé devant elle. *In magnis
voluisse sat est,* disait-il avec le poète,
comme pour se consoler de n'avoir pas
mieux réussi [1].

Pie V avait, de son côté, des motifs de
consolation autrement efficaces. Le 7 octobre 1571 marquait dans l'histoire une
date à jamais mémorable : la flotte chré-
tienne remportait, sur la flotte ottomane,
une victoire qui noyait dans les eaux en-
sanglantées de Lépante le prestige du croissant. Désormais la preuve glorieuse en
était acquise, que l'union des princes chrétiens suffisait pour briser la puissance mu-
sulmane. C'était aux papes à maintenir
cette union — problème difficile, auquel
Pie V consacra le reste d'une vie qui allait
bientôt s'éteindre. Absorbé par cette in-

---

1. Tourguéniev, *Hist. Russ. mon.*, I, p. 222, nᵒ CLVI.

cessante préoccupation, il perdit de vue
la Moscovie, incapable du reste, à cette
époque, de servir la cause commune : elle
avait à se remettre de ses propres désastres.
L'année 1571 avait été singulièrement
fatale pour Moscou : tandis que le pape
recherchait contre les Turcs l'alliance
d'Ivan, celui-ci voyait ses États ravagés
par les Tartars. Profitant des beaux mois
du printemps, Devlet-Ghireï, Khan de
Crimée, avait porté le fer et le feu jusque
sous les murs de Moscou, dont il avait in-
cendié les faubourgs. Le tsar s'était lâche-
ment retiré vers le nord ; il ne revint dans
sa capitale que pour conclure une paix
plus humiliante que ne l'avait été sa fuite.
C'était, partant, un allié sur lequel on ne
pouvait guère compter. Mieux au courant
de ces détails, Portico en eût sans doute
tiré parti en faveur de sa thèse, au lieu de
s'en tenir exclusivement aux données gé-
nérales sur le caractère et les cruautés
d'Ivan. Il est encore plus singulier que
Sigismond-Auguste ne se soit pas prévalu
de l'invasion tartare pour légitimer ses

restrictions et ses refus; aussi, lorsque le pape abandonne décidément le projet moscovite, n'en donne-t-il pour dernier mobile que la barbarie et la cruauté d'un peuple avec lequel, à cause de cela, il ne tient pas à être en rapports. La marche des événements devait, à ce sujet, modifier les idées du successeur de Pie V et l'engager à tenter de nouvelles démarches du côté de la Moscovie.

CHAPITRE IV

RODOLPHE CLENKE

Revirement dans la politique du Saint-Siège. — Maximilien II et Ivan IV. — Mémoire de Cobentzl sur la Moscovie. — Son optimisme. — Causes de rapprochement entre Rome et Moscou. — Instructions romaines au cardinal Morone. — Ses rapports avec les envoyés moscovites à Ratisbonne. — Nouvelles instructions du cardinal de Côme à Morone. — Détails biographiques sur Rodolphe Clenke. — Il accepte la mission de Moscou. — Instructions de Morone à Clenke. — L'empereur s'oppose à la mission moscovite. — Vrai motif de cette opposition. — Mort de Clenke.

UELQUES années après la mission manquée de Portico, Grégoire XIII reprend en sous-œuvre les projets moscovites abandonnés par Pie V, mais ce n'est plus à la Pologne,

c'est à l'Autriche qu'il s'adresse pour frayer la route à son envoyé.

Quel est le motif de ce revirement inattendu ? Que les fins de non-recevoir de la Pologne aient découragé le Saint-Siège, cela se comprend aisément ; mais d'où vient la singulière confiance du pape dans les bonnes dispositions d'Ivan le Terrible ? Les événements politiques ne sont pas étrangers à ce phénomène et, à défaut de données positives, quelques conjectures autorisées s'imposent d'elles-mêmes.

Pendant les deux interrègnes qui se succédèrent, à quelques mois de distance, après la mort du dernier Jagellon Sigismond-Auguste (7 juillet 1572), de graves et communs intérêts eurent bientôt rapproché d'Ivan IV l'empereur Maximilien. Henri de Valois n'était monté sur le trône de Pologne que pour en descendre précipitamment, à la première nouvelle qu'il pourrait devenir roi de France. En proie à une vive agitation, déchiré par les partis politiques, le pays traditionnel du *libe-*

rum veto, se préparait bruyamment à de nouvelles élections ; l'archiduc Ernest d'Autriche et Étienne Bathory, voïvode de Transylvanie, étaient les deux plus sérieux candidats. Bien que le tsar mît aussi des prétentions en avant, soit pour lui, soit pour son fils, soit sur la Pologne tout entière, soit seulement sur la Lithuanie, Maximilien II voulut essayer de gagner ses suffrages pour Ernest. Le Saint-Empire était en demeure de favoriser les projets livoniens d'Ivan, Bathory était l'ennemi commun de l'un et de l'autre : cet enchevêtrement d'intérêts ouvrait le champ aux concessions mutuelles et à l'action diplomatique. Jean Cobentzl de Proszek fut envoyé dans ce but à Moscou pendant l'hiver de l'année 1575. Ses négociations sont en dehors de notre sujet. Nous ne dirons rien des lettres obtenues en faveur d'Ernest et qui n'arrivèrent en Pologne qu'après l'élection de Bathory, des mesures concertées d'avance pour reprendre les pourparlers à la diète de l'empire ; ce qui nous touche de plus près, c'est le mémoire rédigé par Cobentzl sur la Moscovie [1].

Le diplomate autrichien a été évidemment ébloui par l'accueil qu'il reçut au Kremlin. Rien que l'apparition du tsar le frappe de stupeur : Ivan se montre, à la première audience, avec un manteau d'étoffe précieuse sur les épaules, tout couvert de diamants, de rubis, d'émeraudes, de diamants grands comme des noix, s'écrie Cobentzl avec enthousiasme ; le fils aîné du tsar déploie dans son costume la même magnificence, si ce n'est que sa main ne manie pas le sceptre et qu'il ne pose pas la couronne sur son front. A la vue des splendeurs dont s'entoure le monarque du Nord, notre ambassadeur est comme étourdi, il oublie ce que naguère encore il avait admiré ; rien n'est comparable aux merveilles de Moscou, ni les couronnes et les mitres du pape, ni les joyaux de France ou d'Espagne, ni les trésors de Toscane, de Bohéme ou de Hon-

---

1. Voir l'appendice, n° ix.

grie. Au festin qui succède à l'audience, nouvelle surprise, nouvelle admiration. Vêtus de longues robes à l'orientale, le souverain et son fils semblent enveloppés de lumière, si vif est l'éclat des pierreries qui étincellent sur leurs costumes cramoisis ; de nombreux serviteurs aux brillantes livrées entourent les tables garnies de vaisselle et de coupes en or et en vermeil.

Six longues heures se passent ainsi au milieu des plaisirs de la table, car la gravité de nos pères ne reculait pas devant cette épreuve, le plus souvent assez funeste pour plusieurs d'entre eux. La dernière libation est offerte aux convives par le tsar lui-même, après quoi, à la lueur des flambeaux, on reconduit les étrangers à leur domicile, où l'on se remet intrépidement à boire et à manger jusqu'au lever de l'aurore. Non content d'admirer ce qui tombait sous les yeux, Cobentzl trouva des amis complaisants qui lui donnèrent force détails sur les trésors cachés d'Ivan et sur ses ressources militaires ; ainsi, on lui parla des richesses accumulées depuis

des siècles au Kremlin : le grand-père
d'Ivan y avait amené trois cents charretées
d'or et d'argent de Novgorod ; son père y
avait ajouté le trésor de quinze principau-
tés subjuguées par lui ; Ivan lui-même y
avait déposé le butin de Kazan, d'Astrakhan, de Dorpat, de Pernau et de plusieurs autres villes soustraites après leur
prise au pillage du soldat. Quant aux forces militaires, elles étaient évaluées à
300,000 cavaliers, 100,000 fantassins ar-
més de fusils, 100,000 autres munis de flè-
ches, qui tous peuvent être mobilisés dans
l'espace de quinze jours. Cette dernière
affirmation suffit, à elle seule, pour donner la mesure de l'exactitude de Cobentzl :
personne n'ignore avec quelle lenteur
et quelle difficulté les tsars réunissaient
sous les drapeaux leurs soldats-labou-
reurs, disséminés dans les campagnes ;
le délai de quinze jours est une amère
ironie. L'optimisme de notre diplomate
ne s'arrête pas aux faits purement matériels, c'est surtout dans les appréciations
morales qu'il paraît au grand jour. Ivan

est censé animé d'un beau zèle pour conclure une alliance anti-ottomane avec le
pape, l'empereur, le roi d'Espagne et tous
les princes chrétiens. Au xvie siècle, à l'alliance politique s'associe toujours l'idée
de l'unité religieuse : à cet égard, Cobentzl
trouve les Moscovites admirablement pré-
parés, pourvu qu'on y mette de la prudence et de la modération. En effet, rien
de plus facile que de rentrer dans le giron
de l'Église pour ceux qui, à la rigueur,
n'en sont jamais sortis : c'est le cas des
Moscovites. Ils professent, à quelques détails près, les mêmes doctrines que l'Église
romaine, s'adonnent aux mêmes pratiques, y compris les jeûnes et le culte des
saints, recourent aux mêmes sacrements,
n'ont aucune haine contre les Latins et
se distinguent par leur piété, qui se manifeste surtout dans les processions publi-
ques et dans la vie exemplaire des moines
et des nonnes. Dans son empressement,
Cobentzl croit devoir indiquer l'homme,
d'après lui, le plus capable de se mettre à
la tête de ce mouvement : c'est le Père

Warszewicki, recteur du collège des jésui-
tes de Vilna [1].

Après ces échappées lumineuses sur la
Moscovie, vient tout naturellement le désir de voir Ivan, à défaut d'un Habsbourg,
monter sur le trône de Pologne pour accomplir une mission providentielle et fou-
ler aux pieds le drapeau ottoman, fière-
ment planté sur le Bosphore. Quand on
songe que le tsar était alors à la cinquième
des six terribles époques de massacres,
consignées dans son histoire par Karamzine [2], que d'illustres boïars, un métropolitain et quelques femmes du tsar comp-
taient parmi les victimes, que Tver et Novgorod saccagées sans motif se relevaient à
peine de leurs ruines, que tout le pays
était plongé dans un morne effroi, personne n'étant sûr du lendemain, que les
églises et les couvents étaient sans cesse

1. Le P. Warszewicki, entré dans la compagnie de Jésus
en 1567, a été recteur des collèges de Vilna et de Lublin
et supérieur de la mission de Suède. Il mourut à Cracovie en 1591.

2. *Histoire de Russie*, en russe. IX.

exposés aux vexations, on se demande avec surprise comment un homme, versé dans la politique et rompu aux grandes affaires, pouvait si facilement se faire de si étranges illusions sur la Moscovie du XVIᵉ siècle.

Tel était cependant le langage de Cobentzl, et nous sommes porté à croire que Moscou lui est en partie redevable de la bonne réputation dont elle jouissait Rome. Le diplomate autrichien était un personnage officiel, son mémoire a circulé dans les plus hautes sphères, Commendone en a eu connaissance et l'a communiqué plus tard à Possevino ; à l'heure qu'il est, les nombreuses copies qu'on en trouve dans tous les dépôts de Rome prouvent assez qu'il a dû naguère être très recherché. D'ailleurs, il ne faut pas se le dissimuler, les événements politiques attiraient le Saint-Siège vers le même ordre d'idées et, malgré les sombres dépêches de Portico, le ralliait aux souvenirs de Steinberg : plus glorieuse pour les armes chrétiennes que fertile en résultats, la journée de Lépante n'avait pas brisé la puissance ottomane, le croissant sillonnait de nouveau les mers, déjà reparaissait à l'horizon le danger d'une nouvelle invasion qu'une ligue universelle pouvait seule conjurer; les hostilités qui commençaient alors entre la Perse et la Turquie faisaient de loin entrevoir le moment où l'on mettrait les Osmanlis entre deux feux, si les princes chrétiens les attaquaient simultanément en Occident. A ce point de vue, l'alliance militaire des Moscovites eût été des plus précieuses, on devait naturellement se complaire à la croire possible.

Mais, quoi qu'il en soit de ces hypothèses, le fait est que le double revirement d'opinion, mentionné plus haut, se manifesta surtout lors du départ du cardinal Morone pour l'Allemagne, en qualité de nonce auprès de l'empereur Maximilien II.

Dans ses instructions, datées du 26 avril 1576, il est mis en demeure d'insinuer à Sa Majesté que la présence d'un émissaire pontifical à Moscou ne pourrait être que du meilleur effet, soit en vue de l'union, naguère désirée par le tsar, des Moscovites avec l'Église romaine, soit en vue de la ligue anti-ottomane, ou même des intérêts temporels du Saint-Empire [1]. Une affaire de ce genre ne pouvait être confiée à des mains plus habiles : Morone avait fait ses preuves au concile de Trente, il fut aussi favorisé par les circonstances. Deux envoyés russes, le prince Sougorski et le diak Artsybachev, se présentèrent à la diète de Ratisbonne pour conclure une alliance définitive et solennelle avec Maximilien, pour s'entendre sur la ligue et surtout pour intriguer contre Bathory. Au mois de juillet 1576, l'empereur renseigna lui-même sur ce point le cardinal Morone et, sur la remarque de celui-ci qu'il faudrait avant tout envoyer quelqu'un à Moscou s'assurer de la sincérité du tsar, il répondit qu'une mission de ce genre aurait certainement lieu. C'était là que Morone en voulait venir pour insinuer que le Saint-

1. Archives du Vatican, Polit., 116, p. 61.

Siège pourrait peut-être en faire tout autant. Maximilien s'aperçut qu'il s'était
trop avancé et se replia sur les subsides à
demander auparavant à la diète, sur la
mauvaise foi des Turcs et leurs récentes
incursions en Croatie. Toutefois il ap-
prouva bientôt après les projets pontificaux, et Morone se mit alors en rapports
avec les envoyés russes. Le docteur Rodolphe Clenke, dont il sera question
plus tard, fut choisi pour intermédiaire
et resta très satisfait de la première entrevue.

A la seconde, le 28 août, il leur remit
une lettre du cardinal pour le tsar. Quel
ne fut pas son étonnement lorsqu'on
lui répondit par des fins de non-recevoir ! Que le pape envoie lui-même
son ambassadeur à Moscou, disaient les
diplomates du Kremlin, qu'il donne sa
lettre aux envoyés impériaux ; quant à
nous, nous ne sommes accrédités qu'auprès de l'empereur. Rien ne put leur
faire changer d'avis : ils savaient trop
bien qu'ils répondaient sur leurs têtes

de la fidélité servile aux ordres du maître [1]

Morone était tout entier à son désap-
pointement et peut-être à son dépit, lorsqu'il reçut une dépêche du cardinal de
Côme qui marque une nouvelle phase
dans ces négociations. Cette pièce, datée
du 25 août 1576, est remarquable comme
expression des idées que Rome avait alors
sur Moscou ; il est seulement à regretter
qu'elles ne soient rien moins qu'exactes.
Le Saint-Siège se dit parfaitement informé
des bonnes dispositions d'Ivan, voire de
sa déférence, de son profond respect pour
le pape. Morone reçoit l'ordre positif
d'envoyer un messager à Moscou, avec
l'agrément de l'empereur qui, espère-t-on,
donnera un passeport et des lettres de re-
commandation à l'émissaire pontifical.
Le but de la mission sera, comme à l'or-

---

1. Le récit de ces négociations a été fait par Morone lui-
même dans les instructions à Clenke, publiées par Grigorovitch, *Correspondance des papes*, n° 6. Voyez aussi
Theiner, *Annales*, II, pp. 525, 529; *Monuments des rel.
dipl.*, en russe, I, col. 664.

dinaire, l'alliance contre les Turcs et l'union avec l'Église romaine. Quant à l'heureux résultat de cette entreprise, il paraît qu'à Rome on n'en doutait presque pas ; on s'attendait même à voir arriver une ambassade solennelle du fond de la Moscovie, pour rendre hommage au pape et reconnaître sa suprématie spirituelle [1].

Le cardinal Morone n'était guère mieux informé à Ratisbonne que ne l'était à Rome le secrétaire d'État ; il est même très probable, comme nous l'avons dit plus haut, qu'ils puisaient tous les deux leurs renseignements aux mêmes sources autrichiennes. Sans faire aucune observation à sa cour, Morone ne songea qu'à exécuter les ordres reçus. L'empereur avait déjà donné verbalement son approbation ; le titulaire de la mission était trouvé d'avance dans la personne de Rodolphe Clenke, qui servait au cardinal d'intermédiaire avec les Moscovites. C'était un prêtre distingué, qui avait déjà visité Moscou

---

1. Voir l'appendice, n° X.

et qui jouissait dans sa sphère d'une cé-
lébrité relative [1]. Savant, érudit, d'une
constitution robuste, d'un genre de vie
austère, presque spartiate, il consacrait
ses loisirs aux études et cultivait les sciences sacrées, le droit civil et les langues
orientales. Son humeur enjouée et quelque
peu batailleuse le faisait tour à tour admirer par les uns, craindre par les autres
et parfois gronder par son évêque à cause
de ses mordantes saillies. Jusque-là sa
carrière n'avait été rien moins que mono-
tone. Sa jeunesse s'était écoulée en grande
partie aux universités protestantes-de Wit-
temberg, Meissen, Rostock ; vers 1550,
Clenke se trouve à l'université catholique
de Cracovie et c'est à cette époque que se
rapporte son voyage de Moscou en compagnie de l'envoyé lithuanien Stanislas
Iedrowski [2]. Cette lointaine excursion lui
laissa des souvenirs ineffaçables et le mit
plus que jamais en veine de voyages. Au

1. Voir l'appendice, n° xi.
2. Soloviev, *Histoire de Russie*, en russe, VI, p. 159.

retour, à peine a-t-il passé quelque temps
auprès de Gebhard de Waldbourg, le futur
archevêque si tristement célèbre de Cologne, qu'il est de nouveau sur les grands
chemins : il parcourt la France et l'Italie ;
en 1557, il suit les cours à Ingolstadt,
bientôt après se fait recevoir licencié en
droit à Louvain et se consacre à l'étude
de la théologie aux frais du duc Albert de
Bavière. Gradué à Ingolstadt en 1562 et
1563, il y attire l'attention de l'évêque
Martin de Schaumberg, qui le nomme
recteur du séminaire nouvellement érigé
d'Eichstaett, professeur de théologie, pré-
dicateur de la cathédrale et chanoine. Ce
rapide avancement est une preuve des
mérites de Clenke ; le duc Albert n'y resta
pas indifférent et, faisant valoir ses droits
sur le savant ecclésiastique, le mit en 1570
à la tête du Georgianum d'Ingolstadt. Au
mois d'août 1576, Clenke se trouve à Ratisbonne en route pour le duché de Brunswick. C'est là que Morone eut l'occasion
de le connaître et, le trouvant plein de
science et de zèle, rompu à la controverse

avec les hétérodoxes, lui proposa la mission de Moscou. Clenke l'accepta avec enthousiasme, au grand déplaisir de ses amis qui redoutaient pour lui les fatigues d'un si long voyage. Morone, de son côté, était tellement sûr de son fait et prévoyait si peu des obstacles qu'il rédigea une longue feuille d'instructions pour Clenke avec une lettre de créance à l'adresse d'Ivan. C'est dans la première de ces deux pièces que le cardinal expose les négociations entamées avec les Moscovites à Ratisbonne et qu'il développe ensuite les idées contenues dans la dépêche romaine du 25 août 1576. Elles se résument à peu près dans ces quatre points : 1° que le tsar reconnaisse la souveraineté spirituelle du pape ; 2° qu'il s'unisse étroitement au Saint-Siège par les liens de la charité; 3° que Clenke fasse un rapport détaillé sur les préparatifs militaires contre les Turcs ; 4° que le tsar envoie une ambassade en Perse pour gagner le pays à la guerre contre les Turcs. En rapport avec ces exigences est le langage que l'on met dans la bouche de Clenke : le pape a entendu parler de la puissance d'Ivan, de ses victoires remportées sur les infidèles, de sa grandeur d'âme et de sa haute piété ; c'est un nouveau David, plein d'une ardeur belliqueuse, toujours prêt à lutter contre les ennemis du nom chrétien. Les allusions à la couronne royale ne devaient pas manquer ; le cardinal prévoit, en outre, le cas où Ivan demanderait des théologiens et des prêtres pour se faire instruire plus à fond : Clenke est autorisé à déclarer que les vœux du tsar seront réalisés [1]. En traçant ces lignes, Morone bien certainement ne se doutait pas du contraste qu'il y avait entre les illusions romaines et l'état réel des choses à Moscou : le sanguinaire Ivan à l'école d'un prêtre latin, les opritchniki soumis docilement au pape, — c'était rêver l'impossible.

1. La lettre de Morone à Ivan IV et ses instructions à Clenke ont été publiées en 1834 par Grigorovitch, *Correspondance des papes,* n°ˢ 5, 6, et réimprimées, comme inédites, en 1842, par Starczewski, *Hist. ruth. scriptores,* II, p. 3.

Du reste, Morone n'avait pas non plus
compté avec la versatilité qui distingua de
tout temps la plupart des Habsbourg.
Maximilien avait d'abord répondu d'une
manière évasive aux premières ouvertures
du cardinal, ensuite il avait approuvé les
projets moscovites du pape, bientôt il
allait encore revenir sur cette décision.
Le 17 septembre était fixé pour le départ
des envoyés moscovites, Clenke devait les
accompagner ; Morone en avait informé
l'empereur pour obtenir son approbation
officielle ; une réponse tout à fait inattendue vint l'avant-veille du départ, le 15 septembre, le plonger dans l'étonnement. Sa
Majesté était d'avis qu'il n'y avait pas lieu
d'envoyer de la part du pape soit Clenke,
soit tout autre à Moscou, et cela à cause
d'un double motif : d'abord, on était convenu de ne traiter les affaires qu'à l'époque où les grandes ambassades du Saint-
Empire, du roi d'Espagne et du roi de
Danemark se réuniraient à Moscou ; ensuite on a jugé opportun que les ambassadeurs de ces puissances s'entendent entre

eux avant de s'engager dans les négociations avec le tsar ; dans ces circonstances,
une mission pontificale n'aurait pas de
but ou serait pour le moins prématurée [1].
Ces raisons paraissent peu convaincantes,
elles ne le sont guère en effet. Une secrète
jalousie était le dernier mobile de la résolution impériale : des conseillers trop
prudents avaient pris ombrage du rapprochement projeté entre Rome et Moscou et, craignant que le Saint-Siège ne
devint trop puissant, ils avaient persuadé
à Maximilien de faire avorter le projet pontifical. Telle est la version donnée par Mal-
vasia, secrétaire de Morone, au P. Antoine Possevino en 1581 [2]; telle est aussi
l'opinion de Possevino lui-même [3]. Morone ne se montra pas contrarié outre
mesure de cet échec. On eut soin de l'a-
vertir en même temps que les envoyés
moscovites ne se souciaient pas d'emme-

1. Voir l'appendice, n° XII.
2. Archives du Vatican, *Germ.*, 93, p. 29.
3. Tourguéniev, *Hist. Russ. mon., Suppl.*, n° X, p. 20.

ner avec eux un messager pontifical : c'é-
tait lui faire comprendre qu'il serait désormais inutile d'insister ; il se garda bien
de revenir à la charge et l'affaire en resta là.

Celui de tous qui peut-être se sentit le
plus désappointé fut Rodolphe Clenke :
déjà il rêvait la Moscovie et son esprit
entreprenant se complaisait dans ce loin-
tain voyage. Obligé d'y renoncer, il trouva
un nouveau champ d'activité dans le duché de Brunswick, où il se rendit en 1577
pour y lutter contre le protestantisme.
Victime de son zèle, de ses travaux, de ses
fatigues, il mourut le 6 août 1578. Sa
dépouille mortelle repose dans l'humble
église des religieuses d'Eldagessen.

Ainsi disparut de la scène du monde
celui qui aurait dû, dans la pensée de
Grégoire XIII, gagner Ivan le Terrible à
la foi romaine, en faire le champion du
Saint-Siège et la terreur des Ottomans. Je
ne hasarderai pas l'hypothèse que Clenke
eût pu réussir dans sa mission; toujours
est-il que ce n'était pas à l'Autriche de lui
susciter des obstacles.

CHAPITRE V

DERNIER PROJET DE MISSION PONTIFICALE A MOSCOU

Une erreur historique. — Décadence de l'empire turc. — Projet de Grégoire XIII. — Nécessité de réconcilier la Pologne avec Moscou. — Dépêche du cardinal de Côme au nonce Caligari. — Position difficile de celui-ci. — Premières ouvertures à Bathory et à Zamoyski. — Entrevue à Vilna avec le chancelier et le roi de Pologne. — Réponses dilatoires au sujet de la ligue et de la mission moscovite. — Bathory se prononce ouvertement contre les deux projets. — Circonstances défavorables pour le nonce. — On lui insinue d'abandonner le projet moscovite. — Dernières tentatives. — Bathory reste fidèle à la politique de Sigismond-Auguste. — Nouvelle occasion de reprendre les anciens projets.

N a cru jusqu'ici qu'avant la célèbre mission de Possevino, Grégoire XIII n'avait essayé qu'une seule fois de se mettre en rap-

ports avec Ivan IV, et que, l'empereur Maximilien s'étant opposé à l'envoi de Rodolphe Clenke à Moscou, le pape ne songea plus à faire de nouvelles démarches de ce genre [1]. C'est une erreur dont il importe de signaler la source. Les instructions du cardinal de Côme au nonce de Pologne, relatives à une mission moscovite en 1579, gisaient inconnues dans un volume du Vatican [2], et, si la correspondance du nonce Caligari, publiée par Tourguéniev [3], n'en révèle pas les traces, c'est qu'elle présente elle-même de regrettables lacunes, notamment les dépêches chiffrées n'y sont pas reproduites. Ces documents inédits, que j'ai la chance de signaler le premier, me permettent de mettre en lumière un épisode diplomatique encore inconnu, et qui ne manque ni d'intérêt ni d'importance : il

1. Zakszewski, *Stosunki Stolicy Apostolskiej z Iwanem Groznym*, p. 83.
2. Archives du Vatican. *Polit.*, 116, p. 130.
3. *Hist. Russ. mon.*, I, p. 275 et suiv.

s'agit d'un nouveau projet de mission pontificale à Moscou en 1579.

L'empire turc était entré dans sa période de décadence après la mort de Soliman Ier; si la journée de Lépante n'avait pas brisé sa puissance, elle l'avait au moins ébranlée, et spolié le croissant de son prestige d'invincible; Amurat III s'était engagé dans une longue et pénible guerre avec la Perse; le bruit de ses revers s'était répandu en Europe; une ambassade persane sollicitait à Lisbonne le concours des princes de l'Occident pour porter un mortel et dernier coup à l'empire des Osmanlis. Vivement frappé par cet état de choses, Grégoire XIII reprit les projets caressés par le cardinal de Côme depuis 1576; il se laissa persuader que les Turcs, harcelés par les Perses, en Asie, ne pourraient guère opposer une longue résistance aux armées chrétiennes qui viendraient les attaquer de toutes parts en Europe. Le point capital, d'où dépendait le succès, était donc d'organiser promptement la ligue pour faire coïncider

une campagne dans la presqu'île des Bal-
kans avec les opérations militaires que
les Perses poussaient vigoureusement en
Orient. Le pape résolut de mettre au service de cette idée toutes ses ressources ma-
térielles et tout le prestige de son autorité.
La grandeur de la cause semblait digne
de tous les suffrages ; on espérait rallier
sous le même drapeau l'Espagne et Venise, ces deux rivales également fières et
puissantes, dont le concours était également nécessaire; on désirait surtout mettre à la tête des armées réunies le roi de Pologne. Les plus graves motifs militaient
en faveur de ce choix : Bathory avait sous
ses ordres cette brillante et indomptable
cavalerie polonaise, habituée de longue
date à moissonner des lauriers sur les
champs de bataille; il pouvait facilement
pénétrer jusqu'au cœur du pays ennemi
en traversant la Moldavie et la Valachie,
dont l'accès lui était ouvert; enfin — et
c'était le principal — il s'appelait Étienne
Bathory. C'était un soldat couronné, mais
un soldat dans la grande et belle acception

du mot, austère et simple jusqu'à la rudesse au milieu du luxe qui l'entourait, peu fait pour les joies du foyer domestique, qui lui rappelait l'union contractée à quarante-trois ans avec une infante de cinquante-quatre, constamment heureux à la guerre, où rien n'égalait la sûreté de son coup d'œil et la rapidité de ses mouvements, moins fortuné à la diète, qui opposait des lenteurs tracassières à ses projets de conquête et à ses ardeurs belliqueuses. A l'époque de son élection, loin de le favoriser, Rome avait pris fait et cause pour ses compétiteurs. Étienne, devenu roi de Pologne, eut le bon goût d'oublier qu'on avait combattu la candidature du voïvode de Transylvanie; son dévouement au Saint-Siège égala celui de ses plus illustres prédécesseurs. Grégoire XIII s'était formé la plus haute idée de son génie militaire et de ses qualités privées; aussi l'aurait-il vu d'autant plus volontiers à la tête de la ligue, que Bathory lui-même avait plus d'une fois entretenu le nonce de projets analogues et manifesté des dispositions vraiment chevaleresques.

Mais il y avait auparavant une difficulté à aplanir. Dès le mois de février 1578, la diète de Varsovie avait été saisie de propositions belliqueuses : on délibérait s'il fallait prendre les armes contre le khan de Crimée ou contre le tsar de Moscou ; le second projet prévalut et la guerre moscovite fut décidée en principe. Toutefois la déclaration formelle ne s'en fit à Ivan qu'en juin 1579, lorsque l'armée polonaise fut prête à se mettre en campagne. A Rome, on comprenait très bien que Bathory ne pourrait pas se mesurer simultanément avec deux ennemis qui, malgré leur épuisement, ne laissaient pas d'être formidables : la paix avec Ivan IV était nécessaire pour concentrer toutes les forces contre Amurat. Cette combinaison offrait un autre avantage : rassuré sur ses frontières de l'Ouest, le tsar de Moscou ne pourrait-il pas inquiéter les Tartares de Crimée, ses ennemis naturels, et ainsi venir en aide à la cause commune au lieu

de l'entraver ? A la suite de ces considérations, Grégoire XIII conçut le projet,
hardi sans doute, mais digne d'un pontife, de réconcilier les deux rivaux et d'opposer Moscovites et Polonais, désormais
pacifiés, au grand ennemi du nom chrétien. Le cardinal de Côme, ministre pré-
féré de Grégoire XIII, fut chargé de cette
négociation, et voici les mesures qu'il crut
devoir prendre.

Il adressa une longue dépêche chiffrée
au nonce de Pologne, André Caligari,
promu plus tard à l'évêché de Bertinoro,
en lui enjoignant de gagner le roi à l'idée
de la ligue, dont il serait le chef, et d'obtenir son concours pour l'envoi d'un nonce
pontifical à Moscou, avec mission de ré-
tablir la paix entre les deux nations bel-
ligérantes. Caligari devait informer Bathory des circonstances favorables pour
une levée générale contre les Turcs, lui
dire que le pape le tenait pour le plus
courageux et le plus prudent des rois et
lui portait la plus haute estime ; venaient
ensuite la promesse de larges subsides et

le mirage séduisant de la conquête de Constantinople. Ses succès militaires ne seraient pas compromis par les propositions pacifiques, car le pape agirait spontanément, comme à l'insu du roi de Pologne, de sorte qu'à Moscou on ne se douterait même pas qu'il fût au courant des négociations. Le cardinal de Côme doutait si peu du succès de cette démarche qu'il envoyait sous le même pli à Caligari, non-seulement le bref nécessaire pour entrer, sur ce point, en matière avec Bathory, mais aussi un bref destiné à Ivan IV. Il allait même jusqu'à donner les plus minutieux détails relatifs à la mission moscovite, sur les dispositions financières à prendre, sur la personne à envoyer (ce devait être un neveu de l'archevêque de Gnesen), sur les instructions à rédiger, dont le point culminant serait la paix entre Ivan et Bathory, et l'union de Moscou avec Rome sur la base du concile de Florence [1].

1. Voir l'appendice, nᵒ XIII.

En dépit des belles espérances du cardinal, la vérité est que Caligari se trouvait ainsi placé en présence d'un problème
insoluble. Le *terrible* Ivan, qui a étonné
le monde par ses excès sauvages, n'était
guère accessible aux idées romaines de
conciliation religieuse; et, en 1579, les
circonstances politiques étaient telles que
Bathory lui-même devait trouver peu opportunes les propositions de paix avec
Moscou. En effet, des deux côtés, le dernier but de la guerre n'était autre, au
fond, que la possession de la Livonie.
Ivan avait compris l'importance de cette
province maritime avec ses ports magnifiques, son littoral sinueux et développé
pour un pays qui avait besoin d'un dé-
bouché d'exportation et d'un point de
contact facile avec l'Occident, d'où lui
venaient ses maîtres. Aussi, s'il était fier
des conquêtes de Kazan et d'Astrakhan,
s'il étendait son bras vers la Sibérie, par-
dessus l'Oural, il n'en estimait pas moins
la Livonie comme un joyau indispensable
à sa couronne. D'autre part, Bathory avait

juré, en montant sur le trône, de s'emparer de la Livonie, qui naguère s'était donnée à Sigismond-Auguste, et de refouler
ainsi vers l'Orient le plus redoutable ennemi de la Pologne. La guerre n'avait pas
tardé à éclater entre les deux rivaux, et la
fortune se déclarait pour Bathory : par un
mouvement habile, il avait envahi la Russie Blanche tandis qu'Ivan envoyait le
gros de ses troupes en Courlande, au-delà
de la Dvina ; au mois d'août 1579, les
braves fantassins hongrois mettaient le
feu aux murs de Polotsk, obligé bientôt à
se rendre ; le 25 septembre, Sokol était
pris après un carnage épouvantable ; d'autres forteresses moscovites subissaient tour
à tour le même sort, et les provinces voi-
sines étaient dévastées sans pitié.

Or, Bathory était justement dans l'i-
vresse de la victoire lorsque le nonce, à la
suite des instructions romaines, lui fit
ses premières ouvertures le 8 septembre ;
il lui parlait, en général, de la ligue anti-
ottomane sans toucher la question moscovite, et lui proposait de venir le rejoin-

dre à Polotsk pour traiter cette affaire de vive voix [1]. Auprès du roi se trouvait Zamoyski, surnommé le Grand par ses compatriotes, ancien étudiant de l'université de Padoue, aussi versé dans les auteurs classiques et dans le droit romain que dans l'art de la guerre, éloquent, courageux et surtout ennemi traditionnel de Moscou. Ces deux circonstances n'étaient rien moins que favorables au succès de la négociation. Bathory et Zamoyski répondirent au nonce le même jour et dans le même sens; les lettres sont datées de Dzisna, 20 septembre [2]. Tout en reconnaissant l'importance de l'affaire, ils avouaient ne pas pouvoir la traiter en pleine campagne, inutile par conséquent que le nonce se dérange. Zamoyski ajoutait que le roi serait bientôt à Vilna, et le roi, renchérissant sur Zamoyski, prévenait le nonce qu'il n'avait pas besoin de

---

1. Archives du Vatican, *Polonia*, XVI, p. 290, dépêche chiffrée de Caligari, 8 septembre 1579.

2. *Ibidem*, pp. 307, 313.

venir à Vilna, et qu'ils se verraient pro-
chainement ailleurs. On avait déjà plus
d'une fois donné des réponses également
dilatoires à Caligari, lorsque ces questions
épineuses tombaient sous sa plume. Ainsi,
le 12 mars 1579, Zamoyski lui écrivait
que les projets de ligue dépendaient du
succès de la guerre moscovite [1]; le 3 juillet, le nonce informait lui-même le cardinal de Côme qu'il avait demandé au roi
ses bons offices auprès d'Ivan si on en venait à traiter de la paix, que Bathory avait
fait de belles promesses, mais qu'il ne désirait pas voir le nonce venir le rejoindre
à l'armée, malgré l'envie que celui-ci en
manifestait [2]. Quoique les antécédents ne
fussent pas de bon augure, il ne fallait
pas pour cela désespérer de la cause. Cette
fois, la question ne devait plus être sim-
plement effleurée, mais traitée à fond ; le
nonce avait un bref du pape, qui l'autorisait formellement à intervenir pour la

---

1. Tourguéniev, *Hist. Russ. mon.*, I, cxc.
2. *Ibidem*, I, cxciv.

conclusion de la paix avec Moscou et pour la formation de la ligue. Au xvi° siècle, un habile diplomate était avec cela suffisamment muni, si ce n'est pour obtenir un succès quelconque, au moins pour avoir des réponses catégoriques. Dans le cas présent, la bonne fortune ne seconda guère les efforts de Caligari.

Après avoir terminé la campagne de 1579, Étienne ne tarda pas à rentrer à Vilna; le nonce prit ses mesures pour s'y trouver aussi et, le 5 octobre, il eut son audience. La veille, il s'était entretenu longuement avec Zamoyski. Le chancelier de Pologne se montrait très favorable au projet d'une guerre européenne contre les Turcs, mais il croyait qu'on ne pourrait pas la commencer dès l'été prochain ; un temps plus considérable était nécessaire pour des préparatifs de ce genre. Quant à la mission moscovite, il se retranchait dans une discrétion parfaite, ne voulant rien hasarder sur l'utilité que pourrait avoir l'envoi d'un bref pontifical à Ivan IV. Il ajoutait cependant que le grand-duc de Moscou n'était pas un ennemi redoutable pour les Turcs, n'ayant pas de provinces limitrophes avec eux; qu'au reste, dans l'hypothèse d'une guerre générale, le premier soin de la Pologne devrait être de se mettre en garde contre Ivan, trop habitué à violer ses serments [1]. Ces allusions faisaient prévoir l'issue qu'aurait l'audience auprès du roi; elle eut lieu le lendemain et fut assez prolixe. Le nonce avait préparé bon nombre d'arguments en faveur de sa thèse et des réponses aux objections, qui ne pouvaient manquer. Bathory lui-même avait ses moments d'expansion, où la parole ne lui faisait pas défaut; il se montra, d'ailleurs, à cette occasion, aussi fin politique qu'il était grand capitaine sur les champs de bataille. Aux avances du nonce, faites au nom du pape, il répondit par des protestations de noble et filial dévouement : il serait heureux de mettre ses États et sa

1. Archives du Vatican, *Polonia,* XVI, p. 331, dépêche chiffrée de Caligari, 4 octobre 1579.

vie au service du Saint-Siège; il mourrait content s'il voyait sa patrie délivrée du joug humiliant des Turcs; mais, avant de s'engager dans une entreprise de si haute importance, il tenait à savoir si la ligue des princes offrait des garanties de solide succès. En développant cette pensée dans sa dépêche du 5 octobre, Caligari n'hésite pas à mettre le cardinal de Côme en demeure de lui fournir un mémoire, rédigé en latin, où serait exposé le plan de la guerre offensive contre les Turcs, avec le nom des princes qui y prendraient part et l'effectif de leurs armées, le nombre des galères et des vaisseaux de transport pour soldats, munitions et provisions; en outre, on y mentionnerait les conditions de la ligue, les mesures à prendre contre l'instabilité et la *furia* des Français, capables de tout compromettre, les moyens d'apaiser la guerre des Pays-Bas, qui pourrait arrêter le roi d'Espagne; enfin, on déclarerait au roi le nombre de cavaliers et de fantassins qu'on exigerait de lui, et le montant des subsides qu'on lui offrirait. Étienne Bathory aurait ensuite fait ses observations, donné ses conseils, dictés par l'expérience militaire, et soumis le tout à la diète de Pologne.

Quant à la mission de Moscou, le roi n'eut garde également de refuser son concours; il demandait toutefois qu'on différât l'envoi du nonce pontifical jusqu'après la diète, d'autant plus qu'on était déjà en pourparlers et qu'on ne tarderait pas à voir arriver, soit un ambassadeur d'Ivan, soit le courrier polonais Lopatinski, envoyé à Moscou. Dans le cours de l'audience, le roi ne négligea pas de laisser tomber quelques paroles menaçantes à l'adresse de son rival; avant de se tourner contre les Turcs, ce qui ne pourrait se faire que dans un an, il espérait, disait-il, imposer la paix les armes à la main, d'autant plus qu'Ivan avait perdu ses meilleurs capitaines et qu'il était constamment menacé d'une révolte à l'intérieur. Après avoir expédié ainsi les deux points principaux, Bathory s'étendit longuement sur la manière de faire la guerre aux Turcs, sur la facilité de s'emparer des Dardanelles et de Constantinople si on attaquait les Turcs simultanément sur terre et sur mer, tout en regrettant que la ligue n'eût pas duré encore deux ans après la bataille de Lépante, ce qui aurait suffi pour détruire à tout jamais la puissance des Osmanlis. Telles étaient les opinions de Bathory en 1579, le nonce ne manqua pas de les consigner dans sa dépêche [1].

Comme on le voit, Caligari avait complètement échoué dans sa démarche. Il n'avait obtenu de nouveau qu'une réponse dilatoire : dilatoire quant à la guerre ottomane, car le mémoire exigé par le roi ne pouvait être livré de si tôt, et les conditions de la ligue ne se laissaient pas établir à la hâte; dilatoire surtout quant à la mission moscovite, que le roi remettait jusqu'après la diète, non sans un grave motif. En effet, la diète fut convoquée à Varsovie le 22 octobre.

---

1. *Ibidem*, p. 335, dépêche chiffrée de Caligari, sans date, envoyée de Vilna avec une lettre du 5 octobre 1579.

Orageuse, comme l'étaient toujours ces bruyantes assemblées de la libre Pologne, elle fut cependant, plus que d'ordinaire, fertile en résultats pratiques et surtout plus bienveillante envers le roi. Les fiers magnats s'inclinaient bon gré mal gré devant ses gloires militaires ; Zamoyski, le prince de la parole, en imposait à la petite noblesse ; unissant leurs efforts dans le même but, le roi et le chancelier surent obtenir de la diète ce qu'ils désiraient.

L'esprit belliqueux, assoupi sous le règne de l'efféminé Sigismond, commençait à se réveiller parmi les Polonais ; la conquête de la Livonie, celle peut-être de Moscou ou au moins de quelques provinces moscovites séduisait les plus timides et cette idée faisait son chemin ; on vota donc des subsides pour une nouvelle campagne [1] ; Bathory y ajouta quelques sommes puisées dans son propre, quoique très modeste, trésor ; son frère, le voïvode

1. *Volumina legum*, II, p. 198, éd. 1859, *Uniwersal poborowy*, 1580.

de Transylvanie, lui envoya des fantassins hongrois, rompus aux fatigues de la guerre. Le roi de Pologne avait la conscience de sa position avantageuse, et l'on pouvait prévoir qu'il en profiterait pour décliner les propositions pacifiques de Rome. Le nonce lui-même ne pouvait ignorer cet état de choses, ni se faire illusion sur la disposition des esprits. Il envoyait à Rome le projet de guerre contre Moscou présenté à la diète [1] ; cependant, ni l'audience du 5 octobre, ni les préparatifs militaires, ni l'opinion publique, de jour en jour plus belliqueuse, ne l'avaient encore complètement découragé et il n'attendait que l'occasion pour revenir à la charge. Elle se présenta à l'audience, dont Caligari rend compte au cardinal de Côme dans sa dépêche du 1er janvier 1580 [2]. Le

---

1. Archives du Vatican, *Polonia*, XVI, p. 386, Propositio in comitiis Regni Poloniae, 24 nov. 1579 : « Bellum contra magnum Moschoviæ Ducem quomodo et quibus nervis continuandum... »

2. Archives du Vatican, *Polonia*, XVII, dépêche chiffrée de Caligari, 1er janvier 1580.

langage du roi n'est plus le même ; du
5 octobre au jour présent, la différence
est frappante : c'est que Bathory est sûr
désormais d'être soutenu par la diète, ce
dont il doutait auparavant. Aux allusions
de Caligari à la ligue contre les Turcs, il
répond froidement qu'il y voit de grandes
difficultés : on ne peut compter ni sur les
Perses, qui semblent déjà fatigués et épui-
sés, ni sur le roi d'Espagne, trop absorbé
par la guerre des Pays-Bas ; la Pologne
risquerait donc de se trouver isolée vis-
à-vis d'un ennemi redoutable. Quant à
l'affaire de Moscou, non-seulement il la
renvoie de nouveau jusqu'à la fin de la
diète, mais il propose encore à Caligari
d'entrer à cette époque en négociation
avec Chérémétev, un des principaux pri-
sonniers moscovites, au lieu de s'en tenir
à la procédure officielle. Or Bathory ne
pouvait ignorer qu'à Moscou on ne tran-
sigeait pas sur les formalités et que des
pourparlers non autorisés par le souverain
n'avaient aucune chance de succès. Il
avouait en même temps à Caligari, sans

détour, qu'il ne ferait jamais de bonne paix avec Ivan, si ce n'est les armes à la main. Le nonce crut devoir user d'une extrême condescendance, il consentit à tout sans difficulté.

Sur ces entrefaites, de nouvelles et encore moins favorables circonstances vinrent paralyser l'action du nonce et compliquer les affaires. Quelques mois auparavant, il avait été nommé à l'évêché de Bertinoro et, prévoyant la fin prochaine de sa nonciature en Pologne, il ne demandait pas mieux que de la terminer avec éclat. Les événements ne répondirent pas à ses souhaits. Comme tous les soldats de fortune, qui parviennent jusqu'au trône, Bathory était fortement préoccupé par la pensée dynastique : placé par les suffrages d'un peuple libre à la tête d'un royaume électif, il n'en espérait pas moins que le prestige de sa gloire militaire donnerait à sa postérité quelque droit à la couronne ; or Anne Jagellon l'avait par son alliance apparenté avec une race illustre, mais son âge avancé ôtait tout espoir de succession.

Le mot funeste de divorce avait été prononcé dans l'entourage du roi, et le nonce fut des premiers à surprendre le mystère qui se tramait dans l'ombre. Un devoir impérieux s'imposait ainsi au représentant officiel du Saint-Siège : il devait déjouer habilement tous les projets attentatoires à la sainteté d'une alliance contractée au pied de l'autel, et, au besoin, déclarer hardiment que Rome n'approuverait jamais la dissolution d'un mariage légitime. Cette conduite devait lui attirer des désagréments, et ces déclarations ne pouvaient se faire sans blesser les courtisans trop zélés. Aussi le nonce se voyait-il entouré de difficultés : il s'en prend à quelques évêques, qui lui paraissent trop faibles ; il s'en prend au roi lui-même, mais surtout à Zamoyski, qu'il ne ménage guère dans ses dépêches : le chancelier n'est plus qu'un politique ambitieux, timide, intéressé [1]; enfin il avoue — terri-

1. *Ibidem*, p. 43, dépêche chiffrée de Caligari, 20 janvier 1580.

ble aveu dans la bouche d'un diplomate — qu'il est en disgrâce à la cour de Pologne [1].

Rien n'autorise à croire que ces circonstances eurent une influence directe sur l'affaire de Moscou ; Bathory ne voulait pas de mission pontificale, parce que, loin de songer à la paix, il était décidé à faire la guerre à Ivan tant qu'il aurait des soldats et des subsides. Cependant les relations personnelles du nonce désormais tendues ne pouvaient apporter que des retards et des obstacles. Ainsi l'entrevue avec Chérémétev, que le roi avait promis de ménager à Caligari, n'eut pas lieu et le boïar moscovite quitta Varsovie sans emporter de commission pontificale. On le disait très obstiné dans ses préjugés religieux et le nonce en tirait un motif de consolation : une intervention de ce genre n'aurait pas amené de bons résultats. En même temps on insinuait au représentant

---

1. *Ibidem*, p. 41, dépêche chiffrée de Caligari, 21 janvier 1580.

du Saint-Siège que ses efforts pour réconcilier deux rivaux, désireux de vider leur querelle par les armes, ne seraient pas vus de bon œil à la cour et qu'il valait mieux y renoncer pour le moment [1]. Quinze jours après, le 18 février 1580, Caligari déclare formellement au cardinal de Côme qu'il se voit obligé d'abandonner cette affaire, parce que les relations avec Moscou sont suspectes aux yeux du roi et du chancelier et qu'il se contentera, à l'avenir, d'observer et d'attendre [2].

Il tint parole. Dans le courant du mois de mai, une occasion se présenta de rappeler au roi que le bref pontifical n'avait pas encore été expédié à Ivan, et, comme Bathory avait souvent à lutter avec des difficultés financières, on put un moment se flatter de réussir. Trois mois plus tard, il est encore question d'envoyer un messager à Moscou par la Suède, mais on ne

1. *Ibidem*, p. 52, dépêche de Caligari, 31 janvier 1580.
2. *Ibidem*, p. 70, dépêche chiffrée de Caligari, 18 février 1580.

donna pas de suite à ces différents projets[1], Bathory était resté fidèle à la politique de Sigismond-Auguste ; il avait refusé l'intervention pontificale entre lui et Ivan IV et empêché l'envoi d'un messager romain à Moscou. Le plan grandiose de Grégoire XIII se trouvait ainsi complètement dérangé : celui qu'il voulait mettre à la tête de la croisade européenne contre les Turcs s'engageait dans une guerre contre un prince chrétien ; l'union de toutes les forces de la chrétienté sous un seul drapeau devenait désormais impossible. Mais, s'il faut d'une part apprécier à leur juste valeur les intentions généreuses du pape, on ne saurait d'autre part faire un reproche à Bathory de n'y avoir pas mieux correspondu. Il connaissait mieux que personne l'adversaire qu'il avait à combattre ; il savait qu'on ne pouvait guère compter sur l'alliance d'Ivan contre les Turcs et que la Pologne serait menacée

---

1. *Ibidem*, pp. 239, 240, dépêches de Caligari, 13 mai et 28 août 1580.

par les Moscovites, sitôt qu'elle serait en-
gagée dans une autre guerre.

D'ailleurs les événements eux-mêmes
se chargèrent de justifier Bathory, tout
en ouvrant au pape un vaste et glorieux
champ d'activité. En 1581, ce n'était plus
Grégoire XIII qui proposait à un roi
catholique de le réconcilier avec son rival,
c'était un tsar orthodoxe qui envoyait son
messager frapper à la porte du Vatican et
demander l'intervention du pape pour
conclure la paix avec Bathory et tourner
ensuite ses armes contre les Turcs, quitte,
au demeurant, à violer ses promesses lorsque le danger serait passé. Guidé par des
motifs d'un ordre supérieur, Grégoire XIII
n'eut garde de refuser ses bons offices à
Ivan le Terrible ; il envoya Antoine Possevino en Pologne et en Moscovie et la
paix de Kivérova Gora, conclue sous ses
auspices, restera à jamais dans les annales
de l'histoire comme un monument, unique dans son genre, de l'arbitrage pacifi-
que des papes, que le comte de Maistre a
rêvé pour le bonheur des nations.

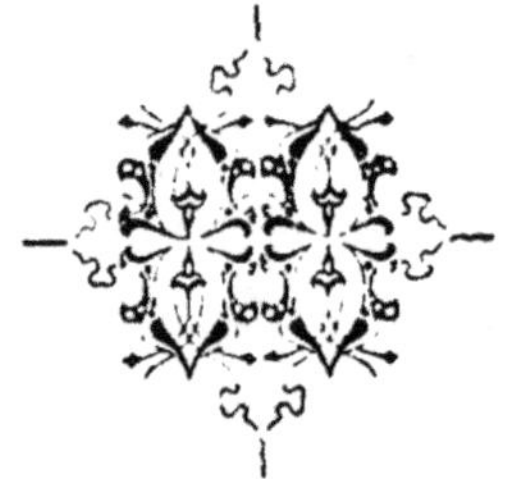

APPENDICE

APPENDICE

I

Jean-François Mazza de Canobio, originaire de Bologne, docteur de l'université de Padoue, avait rempli avec succès des missions importantes à Parme, en Portugal, dans les Flandres et en Espagne. Hosius avait appris à le connaître et à l'apprécier à Vienne en février 1561. Voir, pour les détails biographiques : Ughelli, *Italia sacra*, II, col. 587 ; Galeotti, *Trattato degli huomini illustri di Bologna*, p. 38 ; *Notizie litterarie ed istoriche intorno agli uomini illustri dell'Accademia fiorentina*, I, p. 281 ; *Julii Pogiani epistolæ et orationes*, II, p. 259, note *c*, d'où il ressort que

Hosius a choisi Canobio pour Moscou. Aux archives du prince Borghèse à Rome, se trouve une partie de la correspondance de Canobio, elle ne présente pas d'intérêt pour l'histoire.

II

Le bref de Pie IV à Ivan, au nom de Canobio, n'a jamais été publié. Sauf les allusions personnelles, il est identique à celui de Delfino, imprimé dans Raynaldi, *Ann. eccl.*, XV, ad a. 1561, n° XVII; dans Tourguéniev, Theiner et ailleurs. Aux archives du Vatican, le registre de Pie IV (*Pii IV Brevia ann. II, III, IV*) contient les pièces suivantes relatives à la mission moscovite : « N° 43, Duci Moscoviae, 13 apr. 1561, pro Episcopo Pharensi, eodem exemplo pro J. F. Canobio; n° 46, Sigismundo-Augusto Poloniae Regi, 13 apr. 1561, de missione Episcopi Pharensis in Moscoviam; n° 56, Moscoviae Duci pro Joanne Francisco Canobio; n° 57, eidem Moscoviae Duci, 13 apr. 1561. » Le n° 57 est parfaitement identique au n° 43, il en est de même du n° 56, moins les allusions tantôt à Delfino, tantôt à Canobio.

III

On sait que Rome attachait le plus haut prix au titre royal. La concession de cette distinction passait pour un des plus puissants moyens de rapprochement entre le Saint-Siège et Moscou. Aussi est-on surpris de voir dans les instructions de Giraldo ce titre prodigué sans motif et sans but. On ne saurait cependant révoquer en doute leur authenticité. Elles se trouvent en copie avec la signature du secrétaire pontifical dans la grande collection des *Politicorum,* où elles sont intitulées : *Istruzione di Pio IV a Giovanni Giraldo, Veneto, mandato al Duca di Moscovia a dargli parte di aver determinato il Concilio di Trento e lo tratta col titolo di Re.* (Archives du Vatican, *Polit.,* 129, p. 232.) Les mêmes instructions figurent dans un dossier officiel de la Propagande sous le titre suivant : *Instruttione per M. Gio. Giraldo, Venetiano, mandato secretamente al sudetto Duca, al quale Sua Santità diede titolo di Re di Moscovia, asserendosi nel capo 9 d'essa d'esser stata impedita l'andata del personaggio di maggior auttorità con simili lettere.* (Archives de la Propagande, *Scritt. orig. rif. nelle Congr. gen. de' 20 apr., 4 et 9 mag. 1705.)*

IV

Portico revint à Rome en 1573, en 1575 il
est nommé archevêque de Raguse, en 1586 gou-
verneur d'Anagni après avoir renoncé à son dio-
cèse. Sixte V l'appelle à Rome en 1587 pour le
consulter sur les affaires de Pologne. On ignore
la date de sa mort. Voir Farlati, *Illyricum sa-
crum*, VI, p. 245. Sa relation finale encore inédite,
croyons-nous, sur la nonciature de Pologne, 1568-
1573, se trouve aux archives du Vatican, *Arm. 64,*
t. 29, *de Polonia,* t. I.

V

Voici le texte des instructions inédites de Pie V
à Vincent del Portico sur la mission de Moscou :

« Nostro Signor desideraria principalmente ri-
mettendosi però al guiditio di V. S. essendo sul
fatto, che ella medesima havendo prima fedele
interprete, andasse personalmente a trovar il
Moscovita. Ma per non esser essa informata degli

humori del paëse, nè di quelle genti, crede che
sarebbe bene, che V. S. gli scrivesse di haver
questa commissione di Sua Santità et di portar lettere apostoliche a Sua Altezza et parlarle quando
le sia grato, et aspettarne la risposta, quale ve-
nendo conforme a quanto si desidera V. S. potra
andarvi esponendole dopo la presentatione del
Breve, che avrà con questa, che Nostro Signor ha
nuovamente havuto notitia chè al tempo di
Paolo III sanctæ memoriæ et di Guilio III ven-
nero alcuni Ambasciatori di Sua Altezza mos-
trando l'affetto et divotione che portava a questa
Santa Sede, chiedendo loro alcune gratie et fa-
cendo alcune offerte molto devote et christiane,
ma che per varii accidenti non fù poi seguitata
questa [pratica, nè sa che causa la interrompesse.
Hora conoscendo S. Stà il gran carico che il Signor
Dio le ha imposto sopra le spalle, et che ha da
render conto a S. D. Mtà di tutte le anime che
furono commesse al regimento et governo di
S. Pietro, principe degli Apostoli, del quale è
successore, desideroso della salute delle anime et
di Sua Altezza et di tutti suoi Dominii, domanda
per intendere se tale Ambasciaria fù di suo ordine, et se è tuttavia del medesimo parere, perchè
S. Stà non mancarà di mandarvi Predicatori et
Vescovi che v'insegnino la sincerità della fede et
della Religione che la Sede Aplica et la Chiesa
Romana da S. Pietro fino al giorno di hoggi ha
creduto et crede, ha insegnato et insegna, essen-

dole concesso dal Salvator nostro di non poter
errar in essa per haver detto a S. Pietro et in lui
a suoi successori : Ego rogavi pro te, ut non de-
ficiat fides tua, et tu aliquando conversus confirma
fratres tuos, et chè Portæ inferi non prævale-
bunt adversus eam, scilicet Ecclesiam. Et così
ritrovandolo disposto a ricever la verità della fede,
non entrarà più avanti in particolari articoli, se
non in caso che Sua Altezza domandasse qualche
dubio, come circa Primatum Petri, Purgatorium,
de processione Spiritus Sancti a Filio, de ingressu
animarum sanctorum vel sanctarum in vitam
æternam et altri simili errori de Greci, della cui
setta s'intende essere. Ma non guidica Nostro
Signor bene di venir a particolarità di articoli, se
non necessitato. Potrà ben farle conoscer chè S.
Stà desidera, et a questo fine manda V. S. a Sua
Altezza in specie di veder i Principi christiani in
buona concordia et pace, perchè da loro seguirà
anco la carità et unione di lor Popoli, con la
quale unione, buona et sincera intelligenza, confida Nostro Signor nella bontà di Dio, chè non
solo si veria a deprimersi l'orgoglio et ardir del
Tiranno Turco sitibundo del sangue christiano,
ma fermamente crede, che si potrebbono recupe-
rare i Paësi, gl'Imperii, i Regni et Stati che già
erano de Christiani, nè il Christianesimo sup-
portarebbe più sì grande ingiuria chè quei luoghi
ove Christo Gesù operò la salute et redentione
humana fossero occuppati da quel cane et da sì

crudel tiranno, et che se fù mai tempo, hora deve essere, che esso Tiranno alieno non solo dalla fede vera, mà ancora dalla humana, contra ogni conventione et patto che haveva con la republica Venetiana senza haverne una minima causa, tenta voler prendere il Regno di Cipri, dove ha grossissimo essercito per tale effetto, et havendo S. Stà trattata lega tra il Re di Spagna et essa Republica si come ancora si tratta et si spera di concluderla, non solo tra essi, ma ancora tra tutti i Principi catholici, havendo fin quì S. Mtà Cattolica mandato di presente a intercessione di S. Stà 5o galere in aiuto de detti Signori Venitiani per congiungerle con le loro che sono in grosso numero, le quali insieme con le altre se giungeranno in tempo di poter venir alle mani con l'armata del Turco, S. Stà spera che si debbrà fargli abbassare l'ardire. Però essorta et prega Sua Altezza ancora, essendo essa uno de Principi del Christianesimo a volervi entrare per la parte sua, et per l'anno che viene di Aprile o Maggio haver in essere un grosso essercito contra il detto Tiranno, si come ancora dal canto di quà si havrà grossa armata et essercito circa le Riviere del mare Mediterraneo, et quando come si spera S. Mtà Cesarea et il Sermo Re di Polonia vogliono entrare nella medesima lega, se gli darà da travagliare assai par la via d'Ungheria, et per indurlo a questa unione V. S. dovrà adurre tutte quelle ragioni, che il Signor Dio le somministrarà.

« Aggiunto alla Instruttione messo in cifra.

« Li Privilegii et gratie, che S. Stà ha inteso haver desiderato il Moscovita, erano che gli fosse dato Titolo Regio et mandargli alcuni sacerdoti per instruire i suoi popoli nelle cerimonie di Roma, et certi Artisti, et altre cose, che quando sia vero, ben se ne potrà ricordare Sua Altezza. — Archives du Vatican, *Polit.*, 81, p. 417 : *Instruttione di quanto pare a Nostro Signor che habbia da fare Mons. Nuntio di Polonia andando al Duca di Moscovia nel 1569.* » Le même document est reproduit *Polit.*, 33, p. 40, avec la note marginale : « Data al Pagliarino di settembre 1570. »

C'est sans doute par erreur que les instructions de Pie V sont datées de 1569 à la page 417, *Polit.*, 81. Elles sont accompagnées d'une lettre pontificale à Ivan IV du 9 août 1570 (Theiner, *Mon. hist. Pol.*, II, dccxcvi); en outre, il y est question des 50 galères accordées par Philippe II aux Vénitiens; or, ceci ne s'est passé qu'en juillet-août 1570 (Rosele Cayetano, *Historia del combate naval de Lepanto*, pp. 19 et 22) ; il est donc probable que les instructions de Pie V se rapportent aussi à l'année 1570. Pagliarino, dont le nom est cité en marge, était un employé subalterne de la nonciature de Pologne.

VI

A ce sujet, Wengierski, connu sous le pseudo-
nyme de Regenvolscius, s'exprime ainsi : « His
in legatione illa (il s'agit de l'ambassade polonaise à Moscou en 1570), utpote Evangelicis,
fuit a sacris Concionibus Joh. Rokita, minister
et consenior Fratrum Boh. in Maj. Pol. natione
Bohemus, sed jam linguæ Polonicæ optime gna-
rus, vir pius ac eruditus. Moschoviam urbem in-
gressi sunt 3 Martii. Inter cætera cum iis lega-
tis, habuit etiam de religione colloquium Basilides
Dux, homo alioquin ferox. Ministrum autem
Evangelicum, Moschorum Princeps, ad se in Se-
natum perductum, et honorifice acceptum, Evan-
gelicæ doctrinæ summam confidenter edisserere
jussit. Quod ille, humillimis gestibus impe-
rantis animum præoccupando, modeste et gravi-
ter præstitit. Hanc fidei Confessionem, a se,
mandato Principis Moschi, conscriptam, Rokita
toti Senatui ipsius, eo præsente exhibuit. Tum
Moschus Dux Responsionem, ad hanc Rokitæ
Confessionem, libro eleganter in quarto Ruthe-
nicis literis scripto, et pretiosa tela auro texta
ornato, comprehensam, ei in manus porrexit.
Author hujus historiæ vidit librum hunc in Bi-

bliotheca eximii cujusdam Patroni. Colloquium hoc et quaestiones ultro citroque inter Moschovitarum Principem et Rokitam Ministrum habitas, descripsit latino idiomate Joh. Lasicius in Theologia Moschovitica, Spirae Nemetum, an. 1582, edita : cum refutatione superstitionum Russicarum et Evangelicorum, atque ipsius Lutheri defensione. Exstat idem colloquium fusius, forma non nihil diversa, sensu tamen eodem apud Paulum Oderbornium in vita Joh. Basilidis, Magni Moscoviae Ducis, lib. 1 ; et, qui ex eo hausit, Michaelem Casparum Lundorpium, Continuatorem J. Sleidani, de statu Religionis ac Reipublicæ, Tom. II, lib. 10, p. 48 et seqq. Narrat etiam Jacobus Thuanus in sua Historia nonnulla de hac Rokitæ cum Basilide Duce Collocutione. » *Systema historico-chronologicum Ecclesiarum Slavonicarum..., opera Adriani Regenvolscii*, p. 91. Telle est la version que divulgaient en Europe les hétérodoxes; voici maintenant celle des ambassadeurs polonais à Moscou en 1570, également hétérodoxes : « Il Principe commandò, che venisse *(Rokita)* avanti a lui, poi gli dimandò, s'egli era christiano, o luterano. Rispose il Predicatore che erano christiani. Il Principe gli domandò, in che credi, gli rispose, io credo in Dio Padre, Figliolo et Spirito Santo, ma non credo che li Santi siano Iddio, nè meno credo, che le figure siano da adorare, come voi adorate. Il Principe gli rispose, non adoro le figure, nè meno tengo li Santi per Dio, ma ben credo che li Santi erano assai più homini da bene, che non sei tu. Però gli disse, va, et domani mi darai in scritto tutta la tua fede, et così si parti; la matina seguente gli portò tutto quello che credeva in scritto.

« Il principe, preso et letto ch' hebbe, che fù con tanta admiratione, si levò et alta voce gridò, va et quì non predicare nel mio Regno, nè meno a li tuoi, altramente ti farò tagliar la testa subito perche sei peggio che giudeo, et sei messo d'Antechristo, così il misero partì mezzo sbegottito, ne più predicava come era solito alli suoi. Poi il Principe li mandò un libretto, di tutto quello che credeva, et gli fece dire, che ben studiasse quel libro, et che poi insegnasse et predicasse agli altri. » *Il successo dell' Ambasceria del Re di Polonia al Principe di Moscovia a dì 12 di Gen. 1570.* Archives du Vatican, *Polit.*, 68, p. 1.

Juxtaposer ces deux versions, c'est rendre les commentaires inutiles.

VII

Le mémoire encore inédit de Schlichting est intitulé : *De moribus et imperandi crulelitate Basilii* (sic) *Moschoviæ Tyranni brevis enarra-*

tio. On le trouve aux Archives du Vatican (*Polit.*, 68, p. 10) et dans presque toutes les bibliothèques de Rome. Il finit par ces mots : « Ea quæ scribo Majestati Regiæ Vestræ ipse meis oculis vidi in Moscha civitate acta. Quæ autem alias per urbes, oppida, arces geruntur, ea vix volumina capere possunt. » D'où l'on peut conclure que le mémoire a été adressé au roi de Pologne Sigismond-Auguste. Un autre mémoire de Schlichting, beaucoup plus court et en allemand, a été publié dans les *Script. rer. pol.*, I, p. 145. La manière dont Portico s'est servi de la première pièce est mentionnée par Catena, *Vita del glor. Papa Pio V*, p. 185.

VIII

Aux Archives du Vatican il y a deux relations sur l'ambassade polonaise à Moscou en 1570. Elles se trouvent dans le même volume que le mémoire de Schlichting (*Polit.*, 68), ce qui trahit des origines communes. La première (p. 1) que je crois inédite est intitulée : *Il successo dell' Ambasceria del re di Polonia al principe di Moscovia a dì 12 di Gen. 1570.* La seconde a été imprimée par Theiner (*Mon. hist. Pol.*, II, p. 755), en voici le titre, d'après le ms. du Vatican (*Po-*

lit., 68, p. 140) : *Contumeliæ ac injuriæ quibus Nuncii Ser. Poloniæ Regis ac etiam Aulici et reliqui homines subditi cum ipsis existentes a Duce Moschor. ejusque Aulicis in itinere ipso et reliquis locis, dum irent in Moschoviam et rursus inde redirent, sunt affecti.* La preuve que Possevino a eu entre les mains le dossier de Portico se trouve dans Tourguéniev, *Hist. Russ. mon.*, *Suppl.*, p. 20, n° X.

IX

Le mémoire de Cobentzl a été publié, dès l'année 1611, dans le *Thesaurus politicus* de Cologne. Réimprimé depuis avec des variantes, il a même été donné pour inédit par Wichmann en 1820 (*Sammlung bisher noch ungedruckter kleiner Schriften*, p. 1). Il y a eu longtemps des controverses sur le vrai nom de l'auteur, et voici pourquoi : dans les différents dépôts de Rome, de Venise, de Vienne, de Berlin, de Moscou, ce mémoire est attribué tantôt à Cobentzl, tantôt à Jean ou Philippe Pernstein. En faveur de Cobentzl, il y a deux arguments péremptoires : d'abord aucun ambassadeur impérial du nom de Pernstein n'a été à Moscou sous le règne d'Ivan IV ; ensuite, en comparant le mémoire en question avec le récit officiel fait à Moscou de l'ambassade de Cobentzl (*Mon. des rel. dipl.*, I, col. 481-574), on s'aperçoit que les itinéraires, les dates, les noms, ainsi que toutes les autres circonstances, sont absolument identiques. Désormais le doute n'est donc plus possible. Quant aux origines de la confusion entre les deux noms, ce n'est là qu'une question purement secondaire. Au point de vue de la critique, le procédé de Karamzine est cependant assez remarquable. Laissons la parole au savant historiographe de l'empire de Russie : « L'original, » dit-il, « était *probablement* anonyme ; *quelqu'un*, se rappelant que *Herberstein* avait été envoyé en Russie du temps de Maximilien Ier (1517 !), aura ajouté le nom de *Pernstein*. » (*Histoire de l'empire de Russie*, IX, note 440).

X

Voici le texte encore inédit de la dépêche du cardinal de Côme à Morone :

« Se ben Nostro Signore pensa che a questa hora V. S. Illma possa haver eseguito quel che per tre altre mie lettere le è stato scritto per ordine di S. S. nel negotio di Moscovia et vigilato conforme all'importanza di quello, nondimeno è parso a S. S. molto a proposito che se le facciano intendere piu amplamente le cose infrascritte.

« La S. S. è molto bene informata della gran riverenza et obsequio che porta hora piu che mai quel gran principe alla Sede Apostolica, però poiche negl' anni passati non hanno li Papi solicitato l' intrinsecarsi con lui per causa della diffidenza che ha havuto seco la Serma casa d'Austria, poiche hora si vede principio di confidenza tra loro, non le pare che sia da perdere l' occasione per procurare che possa giuntamente con gl' honesti interessi del mondo caminare l' interesse della chiesa di Dio.

« Acciò dunque che questo segua la S. S. è consigliata di mandar al tutto qualche privata persona a salutare quel principe, invitarlo a congiungersi non solo con le forze, ma col spirito et fede con li principi obedienti figlioli della Sede Apostolica, perche non ha dubio, che agitando anco la M. Cesarea questa attione, egli non sia per mandar alla S. S. Ambasciaria sì solenne, che consolarà li catholici et renderà piu confusi gl' heretici, farà sospirare, piu sospettare et manco presumere il Turco.

« Quando il Re Johanni (*sic*) di Portogallo hebbe fatto bona amicitia col Re di Ethiopia, non desiderò cosa piu che indurlo, sì come l' indusse, a riconoscere la superiorità della Sede Apostolica, onde l'anno del 33 fù data in Bologna solennissima obedienza alla Santa Memoria di Papa Cle-

mente da parte di quel Re, però poiche non è novo
quello che si desidera da S. M. Cesarea in aiuto
et favore del sopradetto santo pensiero, confida la
S. S. che sarà dalla detta Mta non solo ben inteso, ma prontamente messo in essecutione, pro-
ponendolo massimamente la S. V. Illma ch'è
tanto atta a persuaderla in cose anco molto mag-
giori.

« Si desidera dunque che, per uscir delle gene-
rali et del poner la cosa in negotio, la S. V. Illma
venga al ristretto con la M. S. et voglia al tutto
riportare da lei che non solo ben intenda, che la
S. S. mandi a questo Principe, ma che lo in-
formi del viaggio che havera da fare la persona
che andara, facendosi dare non solo passaporti et
ogni favore per detto viaggio, ma lettere ancora
di S. M. nelle quali essorti quel Principe a voler,
conforme a quanto fa lei medesima et il Re Ca-
tholico, riconoscere la superiorità della Santa et
Apostolica Sede Romana, et al tutto volere che'l
suo patriarca faccia il medesimo, non essendo
conveniente che un tanto gran principe christiano,
com' egli è, permetta che'l suo Metropolita sia
suddito in spiritualibus al Metropolita Constanti-
nopolitano, ch'è suddito del Turco, et ad ogni
comandamento suo, fà fare publiche orationi per
le vittorie ch' egli tenta contra l' afflitta Christianità. Et havuti questi aiuti di S. M., V. S. Illma
manderà poi un huomo co'l breve di S. B.

« Et perche da piu bande vien scritto che'l

novo persiano dà che pensare assai al Gran Turco, poiche da cosa alcuna non potrebbe hoggi la christianità ricevere piu beneficio che da una gagliarda guerra la quale potesse nascere fra questi, sì come Nostro Signore ha pensato di far fare, per via del Re di Portogallo, ogni officio accioche il Persiano infesti quel cane, così lodarebbe chè la M. S. Cesarea procurasse che'l Gran Principe di Moscovia facesse l'istesso offitio ben informando esso Persiano come il Turco è per havere continua et gagliarda guerra dalli christiani, il qual officio potrà assai facilmente esser fatto dal detto Moscovita, poiche s'intende ch'egli ha comertio et bon amicitia con quel principe. Con che resto baciando a V. S. Illma humilissimamente le mani. Di Roma, a 25 d'Agosto 1576 ». — Archives du Vatican, *Polit.*, 116, p. 50 : *Amplior informatio super negotio obedientiae Magni Ducis Moscoviæ.*

XI

Voir pour les détails biographiques sur Clenke : Theuwelius, *Bedenken und Gegenbericht auf die Schmaeschrift des Barth. Wolffhardt Superintendenten wieder das Leben und Absterben H. D. Rodolphen Klenken, Coellen,* 1581 ; Mederer,

Annales Ingolstadiensis Academiæ, II, p. 46 et
suiv.; Suttner, *Geschichte des bischœflichen Se-*
minars in Eichsttœt, p. 27 et suiv. Citons encore
la dépêche inédite de Morone au cardinal de Côme,
Ratisbonne, 9 août 1576 : « Qui è comparso il
Dottore Rodolfo Clenchen destinato ad andar al
Duca Henrico di Brausvich (*sic*), il quale ha tolta
la moglie sorella del Duca di Lorena, hollo acca-
rezzato et essortato quando andarà in Sassonia,
voglia far il debito per la religione catholica, come
spero certo che farà, parendomi huomo molto
zelante, et dotto, et instruttissimo di tutti gli an-
damenti et scritti di heretici, ma non andarà fin
che' l Duca Henrico non lo dimanda, et frà questo
mezzo attenderà a leggere nello studio d'Ingolstad.
Di questo huomo darà maggior notitia a V. S.
Illma Mons. Nuntio Portia. » Archives du Vatican, *Germ.*, 96, p. 195.

XII

Jusqu'ici on a expliqué l'échec de Clenke de
différentes manières faute de données authenti-
ques. Il est donc opportun de publier le document inédit qui met ce fait en pleine lumière.
Voici la réponse, copiée sur l'original, de l'empereur Maximilien II à Morone sur ce sujet :

« Sacra Cæsarea Majestas, Dominus noster cle-
mentissimus benevole intellexit ea, quæ Mti suæ,
nomine sanctissimi Domini summi Pontificis
Rmus Dominus Cardinalis Moronus, Stis suæ
Legatus a Latere, de Rhudolpho Klenck in Moscoviam, una cum Magni istius Principis Oratoribus, iam istuc redituris, mittendo etc. proposuit.
Quoniam vero cum iisdem Oratoribus nihil eo-
rum, quorum Rmus Dominus Legatus mentio-
nem facit, tractatum est, adeoque responsum,
quod a Mte sua acceperunt, ad Legationem, pro-
pediem non modo a Sacra Cæsarea Maiestate ac
Sacri Imperii Ordinibus, verum etiam Serenis-
simis Hispaniarum et Daniæ Regibus mittendum
se refert, Cæsarea Maiestas sua parum consultum,
neque ex dignitate fore censet, iam nunc, non
expectata solemni illa legatione, quæ ut quam-
primum in effectum deduci possit, Maiestati suæ
diligenter curæ erit, dictum Klenck, vel alium
quempiam præmitti. Idque tanto magis, quod
Mtas eius necessarium omnino existimat, ut inter
Principes, Legationem illam missuros, de iis,
quæ tractanda erunt, prius conveniat. Id quod
Cæs. Maiestas præfato Rmo Domino Legato
responderi benigne iussit. Cui quod reliquum
est, benevolentiæ suæ studia animo propensis-
simo defert. Decretum per Cæs. Mtem suam, die
decima quinta, mensis septembris, anno Domini
millesimo quingentesimo septuagesimo sexto. »
Archives du Vatican, *Arm*. 64, t. XXIX, *de Polonia*, t. I, p. 274.

XIII

Voici le texte des instructions inédites du cardinal de Côme au nonce de Pologne Caligari :

« Le nuove che di giorno in giorno continovano de le spesse et grandi percosse date da Persiani al Turco et la grande occasione che perciò si presenta a Christiani di liberarsi affatto da la Tirannide Turchesca, fanno che Nostro Signor a li soliti pensieri et desiderii suoi verso il beneficio del Christianesimo aggionga hora qualche cosa di più. Però tra l'altre cose è venuto a consideratione S. S. che havendo il Sermo Re di Polonia mostrato con voi in più ragionamenti gran prontezza d'impiegarsi quando venisse l'occasione in servitio di Dio et de la Christianità tutta, hora sarebbe tempo di metter in opera li suoi virtuosissimi et santissimi pensieri, non mancando a la M. S. modo di poterlo fare, sì per esser potente di cavalleria, come per haver facile et aperto l'ingresso ne le viscere Turchesche per li paësi di Valachia et di Moldavia ; mà perchè S. S. sa che ciò non potrebbe haver effetto senza prima pacificarsi col Mosco, il quale quando fosse in pace con S. M. volterebbe anch'esso volentieri l'arme sue contra

i Turco da la banda del Caffa et de Percopiti
(*sic*); ha perciò deliberato S. S. di mandar una
Ambasciata al detto Mosco per cercar di persua-
derlo a suspender l'arme con Polonia e voltarle,
com' è detto, perchè senza dubio aggionto questo
travaglio a quello che noi di quà daremo al medesimo Turco, non sarà possibile che regga lon-
gamente et con l'aiuto di Dio lo faremo cader in
terra. Hor confidando S. S. quanto deve de la prudenza et pio zelo di S. M. vuole che V. S. gli com-
munichi tutto questo et sotto la credenza del breve
che sarà quì alligato gli dichi (*sic*) che hora è venuto il tempo di cominciare a pagar l'obligo a
Dio che gli tiene per haverlo tanto honorato et
essaltato et che non può dar a ciò principio piu
heroïco, nè piu christiano che con perdonar le
offese ricevute dal Mosco per poter liberamente et
senza impedimento servir a Dio in quest'altra
impresa. Che S. S. come stima la M. S. per il
piu prudente et valoroso Re che hoggi porti co-
rona in testa, così vuole et delibera che questa
impresa sia retta, giudata et governata principalmente col conseglio et parer suo, et perciò
prima che far altro ha voluto haver sopra di ciò
la volontà sua, la quale havuta che haverete S. S.
vuole, che di costì mandiate subito un' huomo in
Moscovia con il breve credentiale che sarà quì an-
nesso, et con la instruttione che voi meglio d'ogni
altro gli saprete fare, tanto piu con l'aiuto et
conseglio del Sr. Canc. et di S. M. propria. Et

potreste mandar un nipote del' Arcivescovo di
Gnezna quale intendemo esser molto atto a questo
per esser persona ecclesiastica et per haver la lin-
gua Mosca, et esser stato altre volte in quel paëse,
et esser gratissimo a quel Principe. Nè a S. M.
doverà parer di metterci del' honor suo poiche
l'ambasciata può molto ben andar e tornare senza
che si sappia che la M. S. ne sia consapevole et
potrà parere che Nostro Signor si sia mosso,
com'è vero, da sè stesso, senza haverglilo com-
municato, et colui proprio che anderà potrete far
che creda il medesimo acciò lo dia tanto più facilmente a credere al Mosco, mandandolo sotto
gran secretezza et come di nascosto di S. M. Al
breve per il Mosco non si è fatto il soprascritto acciò se fosse intercetto prima che pervenga in vos-
tre mani non si scuoprisse il negotio, mà glielo
potrete far voi con le parole che saranno in un
polizino quì a parte et nel far l'instruttione so
che non vi scorderete tutti li passi, che possono
persuader quel Principe a tutto quel che da lui si
desidera, poichè oltre il gran servitio che si farà
a Christo Signor nostro, è per risultarne altre-
tanto beneficio a li stati particolari del detto Principe quanto a qual si voglia altro de li Principi
Christiani et sopra tutto non gli tacerete, che ad-
esso è venuto di Persia in Portogallo uno mandato dal Persiano per sollecitar li Principi Christiani a moversi tutti contra il Turco promettendo
lui di star fermo ne la guerra, et presto presto sa-

premo le particolarità di questa ambasciata poichè
havemo saputo questo solo da un compagno di
detto mandato che fù inviato da Ormus in quà
per terra, essendo il suo principale andato per la
via lunga del mare. Sarà anchor bene mandar al
detto Mosco uno o due volumi del Concilio Fio-
rentino di quelli che portaste con voi se ben do-
veste pigliar quel proprio che si diede al Re, al
quale se ne manderà poi un' altro, et farete essor-
tar il detto Principe ad abbraciar quel concilio et
la dottrina sua come conviene, unendosi da do-
vero cal capo de la Chiesa, che è questo di Roma,
et dando orecchio al trattato de la pace con Polonia, ne avvisarete qua subito, perche S. S. bis-
ognando manderà di quà persona a posta per finir
di trattarla anchor che in tal caso potreste andar
poi voi in persona da lui per tale effetto. Se a
l' huomo che anderà bisognerà dar danari non
mancherete di provedergliene per la miglior via
che potrete, che non si mancherà di rimborsarsi
quì. Nè altro dirò, se non che se questo negotio
s' incaminerà bene S. S. è sicura d' haver in questa
santa unione quasi tutti i Principi christiani et
già siamo certi del Re cattolico il quale se bene è
stato molto vicino a concluder la pace o tregua
col Turco, nondimeno a persuasione di S. Stà ha
lasciato questo pensiero et si scuoprirà a guerra
aperta quando saprà d' haver compagni, il simile
speramo de' Vinitiani, et gli altri Potentati faranno
senza replica quel che vorrà S. S. Onde V. S. vede

che la salute hoggi del mondo dipende si può
dire da la resolutione che farà cotesto Sermo Re,
qual perciò haverete da essortare, pregare et scon-
giurare in nome di Nostro Signor che la faccia in
quel modo che de la prudenza et pietà sua si deve
aspettare, tanto piu perche d'altra maniera il
mondo crederebbe che l'amicitia sua col Turca
non fosse piu coatta, ma volontaria et fondata in
vera benevolenza poiche non verrà forse mai piu
occasione simile a questa di levarsi la maschera
et far quel che deve un buon Principe libero et
christiano. Oltre che per questa via non solo ri-
cuperarà quella parte de la Transilvania che dal
Turco gli viene occupato, mà si rifarà largamente
dei danni patiti con l'acquisto di Valachia et
Moldavia et forse di Constantinopoli stesso. Dio
può far de gran cose et la persona di S. M. non
è stata assunta a tanta dignità per poca occasione.
Potrete anco dirli che in caso che S. M. si risolva,
S. S. conosce ch'è necessario sovvenirla di qualche somma di denari et che non si mancherà di
farlo et in tal somma et per tal tempo che S. M.
ne resterà satisfatta, il che si declarerà poi meglio
quando sarà tempo di venir a questi particolari.
Il Sr Cancelliero haverà occasione in questo negotio di declarare il valor et la bontà del' animo suo
conosciuto et predicato da ciascuno et da me som-
mamente honorato et ammirato. Se nel rispon-
dere et replicare bisognerà maggior celerità del' or-
dinario potrà V. S. espedir pedoni a Vienna et di

là dar ordine che le lettere si mandino fedelmente in mano del Nuntio in Venetia, advertendo però che il maëstro di poste di Vienna soleva esser heretico et che perciò bisognerà guardarsi da lui se egli è quel medesimo.

« Nel polizino a parte : Dilectissimo in Christo filio nobili viro N. Magno Duci Moscoviæ, » etc. — Archives du Vatican, *Polit.*, 116, p. 130 : *A Mons. Caligari Nuntio in Polonia, 10 di giugno 1579, in cifra.*

TABLE DES MATIÈRES

CHAPITRE Ier

UNE MYSTIFICATION DIPLOMATIQUE

Sacre et noces d'Ivan IV. — Incendie de Moscou.
— Transformation du tsar. — Mission de Schlitte
en Allemagne. — Ses rapports avec Charles-
Quint. — Levée d'hommes pour Moscou. —
Schlitte écroué à Lubeck. — Il s'échappe de la
prison et se remet à l'œuvre. — Origines de la
mystification. — Steinberg est chargé de négocier la réunion des églises russe et romaine. —
Derniers renseignements sur Schlitte. — Démarches de Steinberg auprès de Charles-Quint
et à Rome. — Intervention de la Pologne. —
Conseils demandés à Radziwill et à Albert de

CHAPITRE II

CANOBIO ET GIRALDO

CHAPITRE III

VINCENT DEL PORTICO

CHAPITRE IV

RODOLPHE CLENKE

Revirement dans la politique du Saint-Siège. — Maximilien II et Ivan IV. — Mémoire de Cobentzl sur la Moscovie. — Son optimisme. — Causes de rapprochement entre Rome et Moscou. — Instructions romaines au cardinal Morone. — Ses rapports avec les envoyés moscovites à Ratisbonne. — Nouvelles instructions du cardinal de Côme à Morone. — Détails biographiques sur Rodolphe Clenke. — Il accepte

CHAPITRE V

DERNIER PROJET DE MISSION PONTIFICALE
A MOSCOU

APPENDICE

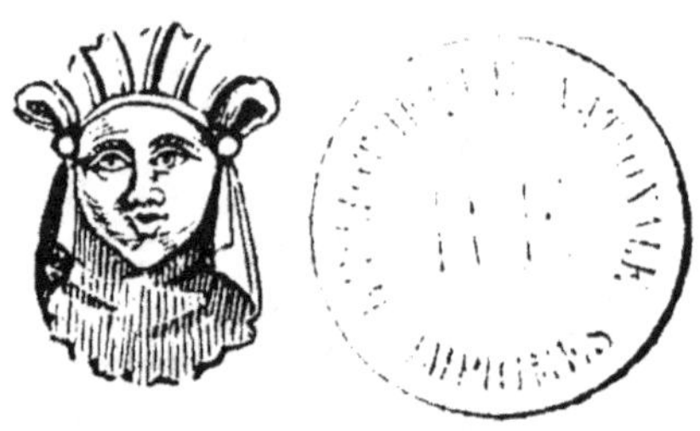

Le Puy. — Imprimerie de Marchessou fils.